CATALOGUE

DE

LIVRES ANCIENS ET MODERNES

RARES ET CURIEUX

LA VENTE AURA LIEU

Du Lundi 1er Juin au Jeudi 4 Juin 1885

A DEUX HEURES PRÉCISES

HOTEL DES COMMISSAIRES - PRISEURS

rue Drouot, 9, salle n° 4, au premier

Par le Ministère de M⁰ **GEORGES BOULLAND**, Commissaire-Priseur,

26, rue des Petits-Champs

Assisté de M. A. **CHOSSONNERY**, Libraire, pour les livres,

Et de **M. CLÉMENT**, pour les Estampes et Dessins.

IL Y AURA EXPOSITION LE DIMANCHE 31 MAI, DE 2 HEURES A 5 HEURES

CONDITIONS DE LA VENTE

La vente se fait au comptant.

Les acquéreurs paieront 5 pour cent en sus des enchères, applicables aux frais.

Les livres devront être collationnés sur place, dans les vingt-quatre heures de l'adjudication.

Passé ce délai, ou une fois sortis de la salle de vente, ils ne seront repris pour aucune cause.

M. A. CHOSSONNERY remplira les commissions des personnes qui ne pourraient assister à la vente.

CATALOGUE

DE LIVRES

ANCIENS ET MODERNES

RARES ET CURIEUX

Fêtes publiques. — Entrées solennelles. — Sacres. — Tournois. — Carrousels.
Cérémonies. — Feux d'artifice.
Pompes funèbres. — Artillerie. — Pyrotechnie, etc.

COMPOSANT LA BIBLIOTHÈQUE

DE FEU M. D.-E.-F. RUGGIERI

Artificier du Gouvernement.

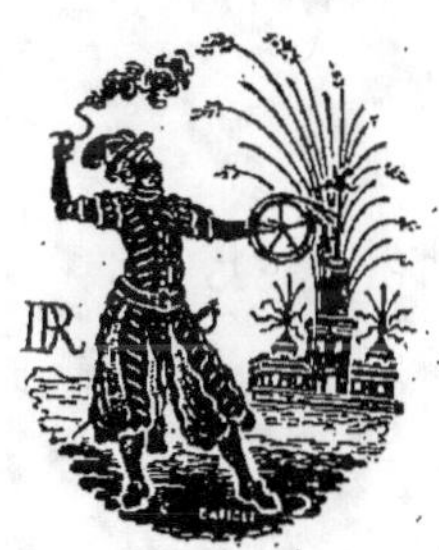

PARIS

ANTONIN CHOSSONNERY

Libraire de la Bibliothèque de l'Arsenal
47, quai des Grands-Augustins.

—

1885

ORDRE DES VACATIONS

CATALOGUE
DES LIVRES
RARES ET CURIEUX

COMPOSANT LA

BIBLIOTHÈQUE DE FEU M. RUGGIERI

PREMIÈRE PARTIE

CÉRÉMONIAL

Naissances. — Baptêmes. — Sacres. — Entrées triomphales. — Mariages.
Tournois. — Joûtes. — Carrousels.
Obsèques. — Fêtes populaires et Feux d'artifices.

I. — TRAITÉS GÉNÉRAUX

1. France.

1. ALLETZ. Cérémonial du sacre des rois de France. *Paris, G. Desprez,* 1775, in-8 de xvi et 200 pp., v. f., fil., tr. dor.

2. — Cérémonial du sacre des rois de France. *Paris, G. Desprez,* 1775, in-8 de xvi et 208 p., in-8, mar. rouge, fil., dos orné, tr. supér. dor., n. rogn., chiffre de Rugg. sur les plats. (*Masson-Debonnelle.*)

C'est une nouvelle édition parue la même année, mais contenant en plus une description du costume et des habillements qui ont servi à la cérémonie du sacre de Louis XV.

3. BAILLEUL (A.). Histoire des triomphes militaires, des fêtes guerrières et des honneurs accordés aux braves chez les peuples anciens et modernes jusqu'au 1er janvier 1808. *Paris,* 1808, in-12, pl., v. f., fil., tr. supér. dor., n. rogn.

4. BERNARD (Fr.). Les Fêtes célèbres de l'antiquité, du moyen

1

âge et des temps modernes. *Paris, Hachette*, 1878, in-12, demi-veau bl., n. rogn.

5. Bévy (Ch.). Histoire des inaugurations des rois, empereurs, et autres souverains de l'univers, depuis leur origine jusqu'à présent. *Paris*, 1776, in-8, nombr. grav. de costumes, dem. chagr. bl.

6. Boispréaux (Déodat). Histoire abrégée des couronnements, sacres et inaugurations des empereurs, rois et autres souverains de l'univers. 2e édition augmentée du sacre de Napoléon Ier et du détail de toutes les fêtes qui se sont données à ce sujet. *Paris*, An XIII-1805, in-12, mar. vert, dos orné, filets, tr. supér. dor., n. rogn. (*Smeers.*)

7. Bonneuil. Traité en abrégé du conducteur des ambassadeurs et princes étrangers près Sa Majesté et de ses fonctions, contenant les manières d'exercer ladite charge ainsi que l'ont pratiqué les sieurs de Bonneüil père et fils depuis l'année 1659 jusqu'en 1695, avec un exemple le plus récent à chaque chapitre pour servir de modèle. Manuscrit d'une belle écriture du xviiie siècle, en 3 forts vol. in-4, mar. vert, fil., tr. dor., aux armes de Bonneuil. (*Reliure de Derome le jeune.*)

8. Boulanger. L'Antiquité dévoilée par ses usages ou examen critique des principales opinions, cérémonies et institutions religieuses et politiques des différents peuples de la terre. *Amst.*, 1766, 3 vol. in-12, veau m., fil.

9. Chaalons d'Argé. Du Sacre des rois de France et de leur couronnement. *Paris*, 1834, in-8, dem.-v. f.

10. Clausel de Coussergues. Du Sacre des rois de France par M. Clausel de Coussergues. *Paris*, 1825, in-8, demi-basane rouge.

11. Du Chesne (A.). Les Antiquitez et recherches de la grandeur et majesté des roys de France. *Paris*, 1609, in-8, titre gravé, réglé, vél., filets, tr. dor., orné sur les plats.

12. Dufey (de l'Yonne). Du Sacre des rois de France ou inauguration de Pharamond et exposition fondamentale de la monarchie française. *Paris*, 1822, in-8, cart., n. rog.

13. Du Tillet (Jean). Recueil des roys de France, leurs couronne et maison. Ensemble, le rang des grands de France. *Paris*, 1602, in-4, vél.

14. Du Tilliot. Mémoires pour servir à l'histoire de la fête

des foux qui se faisoit autrefois dans plusieurs églises. *Lausanne et Genève*, 1741, in-4, fig., cart.

Dans le même volume : Dissertation sur l'origine de la ville de Dijon et sur les antiquités découvertes sous les murs bâtis par Aurélien. *Dijon*, 1771, nombr. grav. en taille douce.

15. Du Vernois. Recherches sur les carrousels anciens et modernes. *S. l.*, 1784, pet. in-8, demi-mar. rouge av. coins, tr. supér. dor., dos orné fleursdelisé, n. rogn. (*Masson-Debonnelle.*)

16. A. Favyn (A.). Traictez des premiers officiers de la couronne de France, soubz noz roys de la première, seconde et troisiesme lignée. *Paris*, 1613, in-8, dem.-cuir de Russie.

17. De Gaya. Cérémonies nuptiales de toutes les nations. *Paris, Michallet*, 1681, in-12, mar. bleu, chiffre de Ruggieri, n. rogn. (*Hardy-Mesnil.*)

18. Ghisi (Fra Innoc. Cybo). Magnificenza dell' essequie antiche et moderne divisa in cinque ragionamenti. Ne' quali à pieno si contiene La Convenevolezza de' monumenti. Del Luogo, del Duolo, della Pompa. *Vinegia*, 1604, in-4, vélin.

19. Gilbant. Le Trésor des harangues, faites aux entrées des rois, reines, etc. *Paris*, 1680, 2 vol. in-12, v. br.

20. Godefroy (Th.). Le Cérémonial de France ou description des cérémonies, rangs, et séances observées aux couronnemens, entrées et enterremens des roys et roynes de France, et autres actes et assemblées solennelles. *Paris*, 1619, in-4, vél., ornem. sur les plats.

21. — Le Cérémonial françois, recueilly par Théodore Godefroy, et mis en lumière par Denys Godefroy. *Paris. Séb. Cramoisy*, 1649, 2 forts vol. in-fol., vél.

Bel exempl. en grand papier.

22. Leber (C.). Les Cérémonies du sacre. *Paris*, 1825, in-8, 48 planches, dem.-mar. rou. du Lev., tr. supér. dor., n. rogn.

23. Le Boucher de Richemont. Notice historique sur les voyages des papes en France, sur le sacre de nos rois, et sur leurs relations avec la cour de Rome. *Paris*, 1804, in-8, dos et coins de mar. bl., tr. supér. dor., n. rogn.

24. Legrand d'Aussy. Des Sépultures nationales et particulièrement de celles des rois de France, suivi des Funérailles des rois, reines, etc., par de Roquefort. *Paris*, 1824, in-8, demi-v. f., n. rogn.

25. Ménestrier (Cl.-Fr.). Traité des tournois, joustes, carrousels, et autres spectacles publics. *Lyon,* 1669, in-4, vignettes, v. br.

26. — Des Décorations funèbres. *Paris,* 1683, in-8, fig., v. br.

27. — Le même ouvrage piqué, de vers.

28. Menin. Traité historique et chronologique du sacre et couronnement des rois et des reines de France. *Paris,* in-12, pl., broché.

29. — Le même ouvrage, in-12, v. br.

30. Muret. Cérémonies funèbres de toutes les nations. *Paris, M. Le Petit,* 1675, in-12, mar. rouge à compartiments, fil., tr. dor., anc. rel. de Du Seuil.

Aux armes du comte de Maran Aligre.

31. De Ponthieu (Am.). Les Fêtes légendaires. *Paris,* 1866, in-12, dem.-mar. brun.

32. De Pure. Idée des spectacles anciens et nouveaux, des anciens cirques, amphithéâtres, théâtres, triomphes, courses de bagues et de testes, joutes, feux d'artifices, entrées des Rois et Reynes. *Paris, Michel Brunel,* 1668. Portrait de Louis XIV, in-12, mar. citr.

33. Regnault. Histoire des sacres et couronnemens de nos rois faits à Reims ; à commencer par Clovis, jusqu'à Louis XV. *Reims,* 1722, pet. in-8, v. br.

.Dans le même vol. : Recueil du formulaire le plus moderne qui s'observe au sacre des rois de France, 1722. — Cérémonies qui se sont observées lorsque le roy Louis XIII reçut l'ordre du Saint-Esprit. — Dissertation historique touchant le pouvoir accordé aux rois de France de guérir les écrouelles.

34. Ruggieri (Cl.). Précis historiques sur les fêtes, les spectacles et les réjouissances publiques. *Paris,* 1830, in-8, dem.-v. f.

35. Thurn (Goezmann de). Essais historiques sur le sacre et couronnement des rois de France, les Minorités et les Régences, précédés d'un discours sur la succession à la couronne. *Paris,* in-8, demi-mar. rouge.

36. Tredolat. Une matinée de mes études ou réflexions sur les Fêtes publiques de quelques peuples anciens et modernes. *Paris,* an VII, in-8 de 16 pages, mar. bleu, fil., n. rog., chiffre de Ruggieri. (*Andrieux.*)

37. Réflexions philosophiques et critiques sur les couronnes et les couronnemens, les titres et les sermens, par Frid. W., traduites de l'allemand, avec des notes de l'éditeur, et les détails du cérémonial des inaugurations impériales et royales. *Paris, Merlin*, an XIII, 1804, in-8, br.

38. Cérémonies anciennes et nouvelles du sacre des rois de France. *Paris*, 1773, in-8, demi-chag.

39. Recueil des pièces historiques concernant le sacre des rois de France, et nommément celui de Sa Majesté Louis XVI, à Rheims, le 11 juin 1775. *Avignon*, 1775, 2 part. en 1 vol., in-8, mar. rouge, fil., dent. intér. dor., dos orné, chiffre de Ruggieri sur les plats. (*Masson-Debonnelle.*)

40. Annuaires historiques des fêtes célébrées chez les nations anciennes et modernes, contenant l'indication de la date du mois de leur solennité, la description de leurs cérémonies, le motif de leur institution..., par N. L. P. *Paris*, 1809, in-12, front., en feuilles.

41. Étiquette du palais impérial, *Paris, Imp. Imp.*, 1808, in-12, br.

42. Obsèques des rois de France. Cérémonies, usages, coutumes, faits remarquables et peu connus, qui ont précédé, accompagné et suivi leurs derniers jours. *Paris*, 1824, in-8, demi-veau.

43. Cérémonial du sacre et du couronnement des rois et reines de France, par M. A. de M., 2e édition. *Paris, Denn*, 1825, demi-veau rouge, n. rogn.

2. Chevalerie.

44. CRAPELET. Cérémonies des Gages de bataille, selon les constitutions du bon roi Philippe de France, représentées en onze figures, etc., publiées d'après le manuscrit de la bibliothèque du Roi. *Paris, Crapelet*, 1830, gr. in-8, fig., fac-similé de miniatures du manuscrit. demi-veau f. avec coins.

45. FAVYN (A.). Le Théâtre d'honneur et de chevalerie. *Paris*, 1720, 2 vol. in-4, fig., mar. r., tr. dor., compart à la Du Seuil. (Ancienne reliure.)

46. GASSIER (J.-M.). Histoire de la chevalerie française ou re-

cherches historiques sur la chevalerie. *Paris*, 1814, in-8,
fig., demi-mar. bleu av. coins, tr. sup. dor., n. rogn.

47. La Curne de Sainte-Palaye. Mémoires sur l'ancienne chevalerie, avec une introduction et des notes historiques, par
M. Ch. Nodier. *Paris*, 1826, 2 vol. in-8, fig. color., demi-v.
f. avec coins.

48. La Marche (Olivier de). Traité du duel judiciaire, relations de pas d'armes et tournois, publiés par Bernard
Prost. *Paris, Willem,* 1872, in-8, papier de Holl., demi-mar.
rouge, tr. sup. dor., n. rogn.

49. Mennenu (Fr.). Deliciæ equestrium sive militarum ordinum.
Coloniæ, MDCXIII, pet. in-8, fig., vél.

50. Rigaud de Vandreuil. Tableau des mœurs françaises au
temps de la chevalerie, tiré du roman de sire Raoul et de la
belle Ermeline, par L. C. P. D. V. *Paris*, 1825, 4 vol. in-8,
demi-v. f., n. rogn.

51. Schoonebeek (Ad.). Histoire de tous les ordres militaires
ou de chevalerie. *Amst., Desbordes*, 1699, 2 vol. pet. in-8,
119 grav., nombr. vignettes, v. br.

52. Vulson (de la Colombière). Le vray théâtre d'honneur et
de chevalerie ou le miroir historique de la noblesse. *Paris,
Aug. Courbé*, 1648, 2 vol. in-fol., front., portr. et fig., mar.
brun, fil. à fr., tr. supér. dor., dent. intér., n. rogn.
(*Hardy-Mesnil.*)

> Bel exemplaire en grand papier, non rogné, de cet ouvrage recherché.
> Rare en cette condition.
>
> Les figures de Chauveau et autres, gravées par Regnesson, sont en
> bonnes épreuves.

3. Pays étrangers.

53. Mart. Guichardus. De Antiquis triumphis. *Amst. Janss.
Valckenier*, 1661, in-12, front., v. m.

54. Michiel (Justine Renier). Origine des fêtes vénitiennes
(en italien av. trad. française). *Venise*, 1817-1827, 5 vol.
in-8, vélin, portrait.

55. — Origine delle Feste Veneziane. *Milano*, 1829, 6 tom.
en 3 vol. pet. in-8, parch., n. rogn.

56. Modio (Francisco). Pandectæ triumphales sive pompa-
rum et festorum ac solemnum apparatuum, conviviorum,

spectaculorum, simulacrorum... tomi duo... digestum. *Francofurti ad Mœnum, impens. Sigism. Feyrabendij,* 1586, 2 tom. en 1 vol. in-fol., fig. sur bois, vél.

Ouvrage recherché pour les nombreuses figures en bois de Jost Amman dont il est orné.

57. Nicolai (Joh.), Romanorum triumphus solennissimus quo ceremoniæ, vestitus, currus aliaque, quæ ad honorem hunc fummum requirebantur ornamenta et antiquitates illustrantur opera et studio. *Francofurti ad Mænum,* 1696, pet. in-12, fig., vél.

58. Mémoires curieux envoyez de Madrid sur les festes ou combats de taureaux. — Sur le serment de fidélité qu'on preste solennellement aux successeurs de la couronne d'Espagne. — Sur le mariage des Infantes, etc. *Paris,* 1670, pet. in-12, vélin.

59. Modus eligendi creandi in coronandi Imperatorem cum forma iuramenti necnon tituli omnium Regum, Patriarcharum, et Car. *Basileæ, apud Pamphilum Gingenbach, anno* MDXIX, in-4, de 4 ff., fig. sur bois, mar. brun, et larges dent. à froid, tr. dor., chiffre de M. Ruggieri. (*Masson-Debonnelle.*)

Plaquette rarissime.

II. — CÉRÉMONIAL FRANÇAIS

1. Moyen âge et 1489 à 1610.

60. Le Pas des armes de Sandricourt. Relation d'un tournoi donné en 1493, au château de ce nom, publié d'après un manuscrit de la Bibliothèque de l'Arsenal et l'imprimé du temps, par A. Vayssière, élève de l'Ecole des chartes. *Paris, Léon Willem,* 1874, in-8, sur parchemin, grav. sur bois, mar. r. ancien, fil. dorés, chiffre de Ruggieri sur les plats. (*Masson-Debonnelle.*)

61. Le même ouvrage, in-8, sur papier de Hollande, grav. sur bois, demi-mar. rouge ancien, av. coins, dos orné, tête dorée.

62. Relation des entrées solennelles dans la ville de Lyon de nos rois, reines, princes, princesses, cardinaux, légats et

autres grands personnages, depuis Charles VI jusques à présent. *Lyon*, 1752, in-4, demi-veau.

On a relié à la suite les pièces suivantes : Description de l'arc de triomphe dressé à la porte du Pont du Rhosne... de la ville de Lyon : en la réception de Monseigneur... Flavio Chisi... *Lyon, Ant. Jullieron*, MDCLXIV. 11 p. — Relation de ce qui s'est passé à Lyon au passage de Mgr le duc de Bourgogne et de Mgr le duc de Berry... MDCCI. *Lyon, L. Pascal*, avec le dessin du feu d'artifice, 52 pp. — Passage à Lyon de Leurs Majestés Napoléon Ier... et de l'impératrice Joséphine en 1805. In-4 de 68 pp. — Procès-verbal du passage et du séjour à Lyon de S. A. R. Mme la duchesse d'Angoulême. *Lyon*, 1814, in-4 de 80 pp. — Relation du passage de S. A. R. Mme la duchesse d'Angoulême dans le département du Rhône et de son séjour à... Lyon. *Lyon*, 1814, in-4 de 139 pp. — Arrivée de S. A. R. Mme la duchesse de Berry. C'est la proclamation et le programme des fêtes en 181 pp. (1816). — Procès-verbal de l'arrivée et du séjour à Lyon de S. A. R. Mgr le duc d'Angoulême. 1820, in-4 de 20 pp.

63. Le même ouvrage. *Lyon*, 1752, in-fol., v. m.

Aux armes de la ville de Lyon.

64. Entrée et séjour de Charles VIII dans la capitale de la Champagne en 1486, avec notes et pièces curieuses relatives à cette entrée et à l'établissement de la première imprimerie troyenne. *Paris*, *Chossonnery*, 1874, in-8, tiré in-4, vignettes, demi-mar. bleu.

Tiré à 30 exemplaires.

65. Séjours de Charles VIII et de Louis XII, à Lyon sur le Rosne, publiés par P.-M. Gonon. Gestes et victoires des rois Charles VIII et Louis XII. *Lyon*, 1841, in-8, une grav., cart. Dans le même volume : Récit des séjours de François Ier (*imprimé à 100 exempl.*) — Médaille commémorative de l'établissement du système métrique et de son usage exclusif, publiée à Lyon par Gonon, 1 vign., 8 pp., cart.

66. Les Rues et églises de Paris, vers 1500. Une Fête à la Bastille, en 1508. Le Supplice du maréchal de Biron à la Bastille en 1602, publiés d'après les éditions princeps avec préfaces et notes par Alf. Bonnardot, parisien. *Paris, L. Willem*, 1876, in-8, couverture papier vélin.

67. Euvre nouvellemēt translatee de Italienne rime : en rime françoyse contenant l'advenement du tres crestien roy de France Loys XII de ce nom a Millan. *Imprimé à Lyon* le ix iour de juing l'an mil cincq cens et neuf (1509), in-8, goth de 8 ff. non chiff. 2 grav. sur bois dans le texte, mar. bleu, tranches dorées. (*Trautz-Bauzonnet.*)

Exempl. La Roche Lacarelle.

68. Entrées solennelles dans la ville d'Angoulême, depuis François Ier jusqu'à Louis XIV, par Eusebe Castaigne. *An-*

goulême, 1856, gr. in-8, d.-m. bleu av. coins, tr. supér. dor.

69. La Description et ordre du camp et festiemt et joustes des très chrestiens et tres puissants roys de France et d'Angleterre lan mil et CCCCC vingt au moys de juing. *Paris, Aubry*, 1864, pet. in-8, demi-veau rouge.

70. Le Sacre et coronnement de la Royne, imprimé par le commandement du Roy nostre sire. On le vend à *Paris, en la rue Saint Jacques, à l'enseigne du Pot-Cassé* (et à la fin) : « Ce présent livre fut achevé d'imprimer le 16ᵉ jour de mars 1530, et est à vendre à Paris, par maistre Geoffroy Tory de Bourges, » pet. in-4, de 12 ff. non chiffrés, mar. rou., mosaïque sur les plats, dent. intér. (*Masson-Debonnelle.*)

    Réimpression en fac-similé, faite par les soins de M. Ruggieri. L'un des deux exemplaires sur peau de vélin.

71. Autre exemplaire sur papier, mar bl., dent. int., tr. dor. (*David.*)

72. Autre exemplaire, sur papier ancien, broché.

73. L'Entrée et réception de Messieurs les enfants de France, avec la réception de la royne Aliénor, qui fut le vendredy premier jour de juillet mil cinq cent et trente. (Entrée à Orléans.) *S. l. n. d.*, pet. in-8, goth. de 4 ff. cart. (*Réimpression.*)

74. Inauguration d'une foire à Brion, province du Berri (26 décembre 1536), par F. Autorde. *Châteauroux*, 1876, in-8, br. de 16 pages.

75. La Magnifica et triumphale entrata del christianiss. re di Francia Henrico secondo, fatta nella nobile et antiqua citta di Lyone à luy et à la sua sereniss. conforte Caterina alli 21 di septemb. 1548. Colla particulare descritione della comedia che fece recitare la natione Fiorentina. *In Lyone, Gulielmo Rovillio*, 1549, in-4 fig. sur bois, de 58 ff. n. ch., signés A. à pu., mar. rouge, dos orné, dent. intér., filet, tr. dorée, chiffre Ruggieri sur les plats. (*Masson-Debonnelle.*)

    Bel exemplaire grand de marges de ce livre fort rare, qui, richement relié par Lortic, a été vendu 250 fr. à la vente Ruggieri en 1873, et 135 fr. à la vente Solar, mar. rouge.

    C'est une traduction italienne du livre qui parut en français à la même date et chez le même éditeur.

    Le texte français est de Maurice Scève et Claude de Taillemont.

    Les 15 gravures, d'une belle composition, sont de Bernard-Salomon, dit le Petit-Bernard.

76. Le Recueil des inscriptions, figures, devises, et masqua-

rades, ordonnées en l'hostel de ville à Paris, le jeudi 17 de février 1558, par Estienne Jodelle. *Paris, André Wechel*, 1558, in-4 de 4 et 44 ff., mar. rouge, large dent. à feuill., doublé de mar. ol., riches dorures du XVIe siècle, à compart., dos orné, tr. dor. *(Chambolle-Duru; Marius Michel*, doreur.)

Très bel exempl. de ce livre rare, grand de marges, qui provient de la vente Renard. On a conservé sur le titre la sign. d'Est. Baluze.

77. Le Trespas et ordre des obseques, funérailles et enterrement de feu le roy Henri, deuxième de ce nom, par le seigneur de la Borde, François de Signac, roy d'armes de Dauphiné. *Paris, imp. de Robert Estienne*, MDLIX, in-4, de 26 feuillets, compris le titre, suivi de : Les deux Sermons funèbres es obseques et enterrement du feu roy... Henri deuxième de ce nom, faicts et prononcez par Messire Jerome de la Rovère..., l'un à Nostre-Dame de Paris, l'aultre à Sainct-Denis de France. *Paris, imp. de Robert Estienne*, MDLIX, in-4, de 26 ff. compris le titre.

Bel exempl. d'un livre très rare.

78. Triomphes, pompes et magnificences faicts à Lyon pour la paix. *Paris, Frédéric Morel*, 1559, in-4, ff. n. chiffr., cart.

79. Les Triomphes faictz à l'entrée de Françoys II et de Marye Stuart au chasteau de Chenonceau, le dymanche dernier jour de mars MDLIX. *Paris, Techener*, 1857, demi-mar. bleu, avec coins, tête dor.

Réimpression in-8 faite par les soins et avec une notice du prince Augustin Galitzin.

Cet exempl. a été offert à M. Ruggieri par le prince Galitzin, comme il appert d'une lettre de celui-ci qui a été collée entre deux feuillets de garde.

80. Recueil et discours du voyage du roy Charles IX, accompagné des choses dignes de mémoire faictes en chacun endroit faisant son dit voyage en ses païs et provinces de Champagne, Bourgoigne, ès années 1564 et 1565, faict et recueilly par Abel Jouan. *Paris, J. Bonfons*, 1566, in-8, de 79 ff., cart.

81. Brief Discours de la joyeuse entreveue de très haute et très excellente Elisabeth de France, royne catholique d'Espaigne, es environs de la ville de Bayonne. Qui fut le XIV juin, et l'entrée le lendemain XV du dit mois DLXV (par Guill. de Nyverd). *Paris, Guill. de Nyverd* (1565), petit in-8, de 4 ff. n. chif., dérel.

Pièce rarissime, mais en mauvais état; déchirures emportant du texte.

Cette entrevue entre la reine d'Espagne et Charles IX accompagné de sa mère donna lieu à des fêtes, rapportées dans une relation française qui parut l'année suivante et même dans une relation italienne parue à Milan en 1565.

82. Le Attioni d'Arrigo terzo re di Francia et quarto di Polonia descritte in dialogo, etc., etc. In *Vinetia, appresso Giorgio Angelieri*, 1574, in-4, mar. bleu, dos orné, filets, tranches dorées. Armes de Henri III sur les plats. (*Masson-Debonnelle.*)

83. Ordre de la réception et entrée de Henry de Valois, très chrestien roy de France et de Pologne, en la riche et florissante ville de Venise. *Lyon, par Benoist Rigaud*, 1574, pet. in-8, de 4 feuillets, mar. bleu, dent. intér. (*Chambolle-Duru.*)

84. Il Gloriosissimo apparato fatto dalla serenissima republica venetiana per la Venuta, per la Dimora et per la Parteuza del christianissimo. Enrico III, re di Francia et di Polonia, composta per l'ecc. dottore Manzini Bolognese. *Venetia, Gratioso Perchacino*, 1574, in-4. de 9 ff. n. chiff., demi-mar. bleu, av. coins.

Relation italienne de l'entrée de Henri III à Venise, beaucoup plus complète que la relation française et presque aussi rare.

85. La Somptueuse et magnifique Entrée du très chrestien roy Henry III de ce non, roy de France et de Pologne, grand duc de Lithuanie, etc., en la cité de Mantouë, avec les portraicts des choses les plus exquises, par B. D. Vig. (Blaise de Vigenères, en 1574). *Paris, Nicolas Chesneau*, 1576, in-4 de 48 pages, 8 pl. grav., mar. bl., fil., tr. dor. Armes de Henri III. (*Masson-Debonnelle.*)

Les dessins de ces 8 pl. sont attribués aux élèves de l'école du Primatice, et la gravure à J. Rabel, dit A. Firmin-Didot.

86. Successi del Viaggio d'Henrico III, christian. re di Francia, e di Polonia dalla Sua partita di Craccovia fino all'arriv in Turino descritti da Nicolo Lucangeli da Bevagna. *Vinegia, Gabr. Giolito*, 1574, in-4, cart.

Livre très rare, comprenant 64 pp. Portrait de Henri III et une planche donnant l'inscription que l'on plaça dans le Palais des Doges pour conserver la mémoire de la réception faite à Henri III.

87. Le Sacre et Coronnement du roy de France (Henri III), avec toutes les cérémonies, prières et oraisons, qui se font ausdits sacre et coronnement, en l'église... de Rheims, (par Jean de Foigny). *Rheims, J. de Foigny*, 1575, pet. in-8. — Discours du sacre et coronnement du... roy de France,

en forme d'épistre, avec l'exposition des cérémonies du dit sacre, au... roy de France et de Pologne, Henri III, par F. Jean Champagne... *Rheims, J. de Foigny*, 1575, en 1 vol. pet. in-8, dem.-v.

88. Advertissement venu de Rheims, du sacre, couronnement et mariage de Henri III, très chrestien roy de France et de Pologne, avec un épithalame. *Paris*, 1575, in-8, de 31 pp., cart.

> Pièce rare, presque entièrement en vers.

89. Les Joies et allegresses pour le bien vieignement et entrée de Mgr filz de France et frère unique du roy, en sa ville de Bourges, ville capitale du païs et duché de Berry, à l'excellence de mondict seigneur, par Gabriel Bonnyn, advocat en parlement à Paris et Bailly du comté de Chasteauroux. *Lyon, par Benoist Rigaud*, 1576, 1 vol. in-8, de 11 pages, mar. bleu, tr. dor. (*Masson-Debonnelle.*)

> Pièce en vers très rare, au sujet de l'entrée à Bourges du duc d'Alençon, qui venait visiter les nouveaux États que son frère Henri III se vit obligé de lui donner pour obtenir la paix, ce premier s'étant révolté contre le roi et mis à la tête des confédérés politiques et huguenots; en outre du Berry, il obtint aussi les duchés d'Anjou et de Touraine.

90. La Joyeuse et magnifique entrée de Mgr Françoys, fils de France et frère unicque du Roy, par la grâce de Dieu, duc de Brabant, d'Anjou, Alençon, Berri, etc., en sa très renommée ville d'Anvers. *Anvers, Christophle Plantin*, 1582, in-fol. de 46 pages, 2 ff. pour le titre et la préface et 1 f. pour le privilège, mar. brun, à compart., fil., 24 planches grav. sur cuivre orné sur plats, tr. dor.

> Bel exemplaire très grand de marges.
>
> Livre rare, important et curieux. Les eaux-fortes représentant le cortège du duc, les chars allégoriques, les arcs de triomphe, les feux d'artifice, les théâtres improvisés à cette occasion, etc., quoique non signées, sont attribuées à Abraham de Bruyn, et non à Ph. Galle, quoique son nom se trouve sur une planche ajoutée à la fin, mais qui ne paraît pas faire partie du volume.

91. La Joyeuse et magnifique entrée de Mgr François, fils de France et frère unique du roy, duc de Brabant, d'Anjou, Alençon, Berri, etc., en sa très renommée ville d'Anvers. *Anvers, N. Heinrick*, 1582, in-8, demi-mar. rouge, avec coins.

> Pièce rare contenant 76 pp. plus un feuillet au recto duquel sont les armes de France gravées sur bois et dont le verso est blanc.
>
> Cette édition est plus rare que celles in-fol. et in-4, publ. chez Plantin, la même année.

92. L'Entrée magnifique de Mgr Françoys fils de France,

frère unique du Roy... duc de Lothier, de Brabant, d'Anjou,
d'Alençon, etc., comte de Flandres, etc., faicte en sa métropolitaine et fameuse ville de Gand, le xx⁰ d'aoust, anno 1582,
Gand, Cornille de Rekenare, avec le Jehan vanden Steene,
1582, petit in-4 de 10 ff., mar. vert, fil.. dent. intér., tr. dor.

> Livre rare réimprimé à Gand.

93. Balet comique de la royne, faict aux nopces de M. le duc
de Joyeuse et Mlle de Vaudemont sa sœur, par Baltasar de
Beaujoyeulx, valet de chambre du Roy. *Paris, Adrian le Roy,
Robert Ballard et Mamert Patisson*, 1582, in-4 de 8 ff. prélim. et 76 ff. dont 1 pour le privilège, demi-vél.

> Livre curieux et fort recherché; vingt-sept planches et musique gravée.
> Les figures sont des eaux-fortes de Jacques Patin; les vers sont de l'abbé
> La Chesnaye et la musique du sieur de Beaulieu et de [maître Salomon,
> musicien du roi.

> « Jamais épousailles de roi, dit Henri Martin dans son *Histoire de
> France*, n'avaient offert rien de comparable à cet immense banquet de
> 17 jours, entremêlé de mascarades, de pantomimes, de tournois, de bals,
> de concerts, de joutes nautiques et de feux d'artifice. Il en coûta au roi,
> suivant les historiens les plus graves, 1,200,000 écus d'or, près de 11 mil-
> lions de notre monnaie. »

> Exemplaire grand de marges, mais qui a besoin d'être lavé et encollé.

94. L'Ordre des cérémonies du sacre et couronnement du tres
chrestien roy de France et de Navare Henri IIII, du nom,
faict en l'église de Nostre-Dame de la ville de Chartres, le
dimanche 27 de février 1594. *Chartres, Cl. Cottereau*, 1594,
in-8 de 55 pages, demi-vél.

> Livre de la plus grande rareté, imprimé à Chartres, où eut lieu le sacre
> de Henri IV.

95. Cérémonies observées au sacre et coronement du tres
chrestien et tres valeureux Henri IIII, roy de France et de
Navarre, ensemble en la réception de l'ordre du Saint-Esprit
en l'église de Chartres, es 27 et 28⁰ jours du mois de février 1594. *Paris, Jamet-Mettayer et Pierre L'Huillier*, 1594,
in-4 de 63 ff., demi-vélin.

> Bel exemplaire grand de marges de ce livre rare et intéressant écrit
> par Nicolas de Thou, évêque de Chartres, officiant. On y a joint un por-
> trait de Henri IV du temps, portant ce titre : Henricus Magnus IIII, Rex
> Gallorum.

96. Discours véritable sur la mort, funérailles et enterrement
du defunct messire André de Brancas, en son vivant chevalier seigneur de Villars, conseiller, etc., (par N. Rol, sieur
du Plessis). *Rouen, Richard Lallemant*, 1595, in-12, portrait d'André de Brancas, sieur de Villars, rel. veau.

> Livre très rare, aux armes de messire André de Brancas.

97. L'Accueil de Mme de La Guiche à Lyon, le lundy 27 d'a-
vril 1598, publié jouxte la copie imprimée à Lyon la même
année, par M. P. Allut. *Lyon, N. Scheuring, de l'imprimerie
Perrin,* 1861, in-8, papier vergé, cart., n. rogn.

> Tiré à cent exemplaires. — Nº 42.

98. Trionfo della serenissimo Madama Maria Medici et descritto
da F. Pietro Pientini da Corsignano. In *Firenze,* 1600, in-8
de 16 ff., br.

99. Labyrinthe royal de l'Hercule gaulois triomphant sur le sujet des fortunes, batailles, victoires, trophées, triomphes,
mariage, et autres faicts de Henry IIII, roy de France et de
Navarre, représenté à l'entrée triomphante de la royne,
en la cité d'Avignon, le 19 décembre, l'an MDC (par l'abbé
Valladier). *Avignon, Jacques Bramereau, s. d.,* in-4, titre
gravé et 12 planches (de Greuter), plus les portraits de
Henri IV et de Marie de Médicis. On a ajouté, quoique ne
faisant pas partie de l'ouvrage, un portrait de Henri IV par
Moitte et un plan ancien à vol d'oiseau d'Avignon, bas. f.

> Livre rare, de la première réception faite à Marie de Médicis en France.
> L'idée du *labyrinthe,* formé de sept replis ou détours, ornés de sept arcs
> de triomphe, appartient aux pères jésuites d'Avignon.

100. L'Entrée de la reine Marie de Médicis à Salon, par César
de Nostradame, augmentée de deux lettres inédites de l'auteur et de la relation du voyage de la reine, de Florence à
Marseille (d'après l'édition de 1602, publiée à Aix). *Marseille, Boy,* 1855, in-8, pap. de Holl., demi-mar. rouge, avec
coins, tr. supér. dor., n. rog.

101. Discours de ce qui s'est passé aux nopces des infantes de
Savoye, avec les courses et tournois faits à la Barrière tant
à pied qu'à cheval, par L. S. D. P. *Paris, chez Mathieu Guillemot,* 1608, in-8, mar. vert, fil., dos orné, tr. dor. (*Masson-
Debonnelle.*)

102. Esequie d'Arrigo quarto cristianissimo re di Francia e di
Navarra, celebrate in Firenze dal D. Cosimo II, gran duca
di Toscana, descritte da Giuliano Giraldi. *Firenze, Bartolo
Sermartelli,* 1610, in-fol. de 26 ff. et 24 planches grav. au
burin, de Rosaccio, mar. rouge, dos fleurs de lis, dent. intér.
encadrement à froid et armes de Henry IV sur les plats.
(*Masson-Debonnelle.*)

> Très bel exemplaire de ce livre rare et d'un grand intérêt historique,
> car les eaux-fortes retracent les principaux faits de la vie de Henri IV.

1610 à 1643.

103. Les Cérémonies et ordre tenu au sacre et couronnement
de la royne Marie de Médicis,... dans l'église de Sainct-De-
nys, le 13 may 1610. Ensemble la mort du roy et comme
monsieur le Dauphin a esté déclaré roy et la royne régente
par la cour de Parlement. *S. l. (Paris, 1610)*, in-8, de 15 pp.
n. rog.

104. Autre exemplaire du même ouv. *S. l. n. d.*, pet. in-8, de
19 pp.

105. Le même ouvrage. *Tolose, J. Bonde,* 1610, in-8 de
16 pp. et fleuron au titre, vélin blanc, dérelié. Titre déchiré,
ex. lavé.

106. Ludovico XIII, Galliarum et Navarræ regi christianissimo
feliciter inaugurato, sacra rhemensia nomine collegii Picta,
vensis societatis Jesu Franc. Garassus. *Pictavi, ex off. Ant.
Mesmerii,* 1611, in-4, filet. — Elegiarum de tristi morte
Henrici Magni... ejusdem Fr. Garassi. *Augusti Pictorum, ex
off Ant. Mesmerii,* 1611, en 1 vol. in-4, mar. rou., fil., ornem. au milieu des plats, dos et coins fleurdelisés, dent.
intér., tr. dor.

> Livre fort rare, donnant, dans un poème en vers latins, la description
> de toutes les cérémonies du sacre de Louis XIII.

107. Autre exemplaire du même ouv., in-4, vélin. Beau portrait de Louis XIII. Piqûres de vers dans le fond de la
marge de quelques ff.

108. Description du sacre de Louis XIII, du carrousel, de son
mariage, de celui de Monsieur, son frère unique et de Mes-
dames ses sœurs (1610-1626). Manuscrit in-4 de 30 ff., dem.-
mar. rouge, av. coins.

109. Le Camp de la place Royalle ou Relation de ce qui s'est
passé les cinquiesme, sixiesme et septiesme jour d'avril mil
six cens douze, pour la publication des mariages du roy,
et de Madame, avec l'infante et le prince d'Espagne (par
Honoré Laugier, sieur de Porchères). *Paris, J. Laquehay,*
1612, in-4 de 4 ff. prél. et 368 pp., mar. rou. à compart.,
dos orné, dent. intér., armes de Louis XIII et chiffre de
Ruggieri sur les plats. *(Masson-Debonnelle.)*

> Livre rare de la première édition, qui ne contient pas le privilège im-
> primé pour la première fois dans la deuxième édition.

110. Le même ouvrage. *Paris, chez Jean Micard, 1612, in-8,* mar. rou. à compart., dos orné, dent. intér. Armes de Henri IV et de Ruggieri sur les plats. (*Masson-Debonnelle.*)

> Livre rare.

111. Tournoi du camp de la place Royale, 1612. Affiche grand in-folio, ayant pour titre : Les Chevaliers de la gloire à tous ceux qui la recherchent... Armes de Henri IV. *Paris, Micard, 13 mars, 1612.*

> C'est probablement l'unique exempl. de l'affiche imprimée pour annoncer ce célèbre tournoi. Elle est intacte.

112. L'Histoire du palais de la Félicité, contenant les aventures des Chevaliers qui parurent aux courses faites à la place Royale, pour la feste des alliances de la France et de l'Espagne... avec la suitte de ce qui s'est passé... jusqu'à l'accomplissement des deux mariages, et retour de leurs Majestés en leur ville de Paris, par François de Rosset. *Paris, Fr. Huby, 1616, in-4, veau gr.*

113. Entrée magnifique du roy faicte en sa ville d'Orléans, le mardy 8 juillet 1614. Avec l'ordre et cérémonies observés en icelle, par Claude Malingre. *Paris, Melchior Mondière, 1614, in-8 de 12 pp., cart.*

114. Vazilephani et rapport des cérémonies qui ont esté observées en la déclaration de la majorité du roy Louis XIII, présenté au roi par P. de Bernard, conseiller au Parlement de Tholoze. *Jouxte la copie imprimée à Paris, chez Jehan Brunet, 1614, pet. in-8 de 16 pp.,* mar. rouge, tr. dor. Armes de Louis XIII. (*Masson-Debonnelle.*)

> Pièce rarissime.

115. L'Arrivée de la Royne à Sainct-Jean-du-Lud, et ce qui s'est passé de plus remarquable tant à l'eschange des Infantes de France et d'Espagne, que des pompes et magnificences faites de part et d'autre, comme ce peut veoir par la lettre cy après transcrite. *Paris, Sylvestre Moreau, 1615, in-8, de 6 pages,* mar. rouge, tr. dor., chiffre de Ruggieri. (*Masson-Debonnelle.*)

116. Lettre du roy, envoyée à Messieurs les Prévost des Marchands et Eschevins, tant sur l'eschange des infantes qu'entrée de la royne à Bayonne et son arrivée à Bordeaux. *Paris, Sylvestre Moreau, 1615, in-8 de 7 pages,* mar. rouge, dent. intér., tr. dor., chiffre de Ruggieri sur les plats. (*Masson-Debonnelle.*)

117. Les Magnificences faites en la ville de Bourdeaux à l'entrée du roy, le mercredy 7 de ce mois. *Paris, d'Anthoine
du Breuil*, 1615, in-8 de 16 p., demi-veau fauve.

Réimpression faite sur papier de Hollande, à Bordeaux, Lefebvre, 1873.

118. L'Heureuse arrivée du roy dans Bourdeaus, et ce qui
s'y est passé depuis, avec les cérémonies qui furent faictes
aux espousailles de madame, sœur aisnée de Sa Majesté,
jusques à son despart vers l'Espagne. *Lyon, Nicolas Jullieron*, 1615, pet. in-8 de 23 pages, mar. rouge, dent. intér.,
tr. dor., chiffre de Ruggieri. (*Masson-Debonnelle.*)

119. Brief narre de ce qui s'est passé depuis le XXI novembre,
jour de l'entrée de la reyne dans Bourdeaus jusques au XXIX
du même mois, jour de la réception de Leurs Majestés. *Jouxte
la coppie imprimée à Bourdeaux, par Simon Millanges.
Paris, Sébastien l'Escuyer*, 1615, in-8 de 8 pages, mar.
rouge, dent. intér., tr. dor., chiffre de Ruggieri sur les
plats. (*Masson-Debonnelle.*)

120. La Sortie du roy de sa ville de Bordeaux, pour retourner
à Paris. Ensemble le nombre des seigneurs, chefs, capitaines et gens de guerre, qui l'assistent au retour de son
voyage de Guyenne. *Paris, d'Anthoine du Breuil*, 1615,
in-8 de 8 pages, mar. rouge, dent. intér., tr. dor., chiffre
de Ruggieri sur les plats. (*Masson-Debonnelle.*)

121. L'Arrivée du roy en sa ville d'Angoulesme, le dimanche
13 décembre (1615), avec le nombre des chefs et gens de
guerre, qui conduisent Sa Majesté. *Paris, Ant. du Breuil*,
1615, pet. in-8, de 8 pp., cart.

122. Le Persée françois au roy, par le sieur de Morillon, avec
les mariages et entrées royales à Bourdeaus. *Bourdeaus,
par Gilbert Vernoy*, 1616, in-12, v. (*Court de marges,
mouillures.*)

123. Arrivée du roy en sa ville de Soissons, le lundi 1 iour
d'octobre. Ensemble la reception faicte à Sa Maiesté par les
habitans de laditte ville, et aussi l'establissement de Monsieur
de Luynes, au gouvernement de l'isle de France et ville de
Soissons. *Paris, Isaac Mesnier*, 1618, in-8 de 14 pages ré-
glées, vélin, filets dorés, tr. dorées.

124. L'Ordre et description générale de tout ce qui s'est faict
et passé aux Augustins à la cérémonie des chevaliers
depuis les premiers vespres du mardy jusques aux secondes
vespres du mercredy premier jour de l'an 1620, etc. *Paris,*

Silvestre Moreau, in-8 de 8 ff., demi-mar. bleu avec coins.

125. Récit véritable de ce qui s'est faict et passé aux cérémonies observées à la réception des chevaliers de l'ordre du Saint-Esprit, en l'église des Augustins à Paris (1620), avec l'ordre et rang que chacun d'eux a tenu. *Bourdeaus, Simon Millanges*, 1620, in-8 de 15 pp., cartonné.

126. Arrivée du Roy en la ville du Mans le 28 juillet 1620, ensemble la Harangue faicte à Sa Maiesté au nom des habitans de la ditte ville, et generallement tout ce qui c'est passé ès lieux circonvoysins, avant l'arrivée de ladicte Majesté. *Paris, Isaac Mesnier*, 1620, pet. in-8, de 15 pp., vélin, filets, tr. dorées.

> Très rare.

127. Entrée royale faicte au Roy, en la ville de Sainct-Jean d'Angely, le unziesme septembre 1620, ensemble quels ont été les portiques, amphiteâtre, tableaux, devisés et emblesmes en icelle ceremonie, et generalement tout ce qui s'est passé de plus particulier tant en ladite ville que depuis le depart de Sa Majesté de la ville de Poictiers, jusques à son arrivée en icelle. *Paris, Isaac Mesnier*, 1620, pet. in-8, de 14 pp., mar. r., tr. dor., chiffre Ruggieri. (*Masson-Debonnelle.*)

> Pièce très rare.

128. Entrée royale et magnifique du Roy, en sa ville de Bergerac, ensemble l'humble remoustrance des Députez de l'Assemblée et Bourgeois de la Rochelle à Sa Majesté. *Jouxte la coppie imprimée. Paris, Est. de l'Oreille*, 1621, pet. in-8, de 16 pp., m. r., dos orné, tr. dor., chiffre Ruggieri. (*Masson-Debonnelle.*)

129. Discours sur les arcs triomphaux dressés en la ville d'Aix, à l'heureuse arrivée de très chrestien, très grand et très juste monarque Louys XIII, Roy de France et de Navarre. *Aix, Jean Tholosan*, 1624, in-fol., planches, vélin.

> Bel exemplaire de ce Livre rare et curieux, grand de marges. Titre gràvé, grande planche pliée, 7 planches d'arcs de triomphe, 7 tableaux emblématiques et le plan géométrique de la ville d'Aix, gravés à l'eau forte, par Maretz. Non cité par Brunet.

130. La Solennelle entrée du Roy dans la ville d'Avignon, le mercredy 16 de novembre 1622, ensemble l'entretenuë de Sa Majesté avec le duc de Savoye, qui arriva le lendemaïn

17 en la mesme ville d'Avignon. *Paris, veuve Saugrain,* 1622, in-8, de 8 pp., carton.

131. Le Soleil au signe du Lyon, d'où quelques parallèles sont tirez avec le très chrestien... Monarque Louys XIII... en son entrée triomphante dans sa ville de Lyon... et en l'entrée d'Anne d'Autriche reyne de France... dans ladite ville de Lyon, le 11 décembre 1622. *Lyon, J. Jullieron,* 1623, pet. in-4, fig., réglé, vélin blanc, fil., tr. dor. (*Anc. rel. aux armes de la ville de Lyon.*)

Volume rare, orné de belles planches gravées par P. Faber, dont plusieurs sont d'une exécution remarquable.

Bel exemplaire, grand de marges, en épreuves de premier tirage, auquel on a ajouté un très beau portrait de Charles de Neuville d'Halincourt, marquis de Villeroy, comte de Bury, duc de Lyon, gouverneur du Roy au pays de Lyon, Forez et Beaujolais, portrait gravé par Claude Audran. A la suite on a relié : Réception de très chrestien... Louys XIII... premier comte et chanoine de l'église de Lyon et d'... Anne d'Autriche, par Messieurs les doyens, chanoines et comtes de Lyon, en leur Cloistre et Eglise le 11 décembre 1622. *Lyon, J. Roussin,* 1623, in-fol. 67 pp. 7 pl. grav. par C. Audran, Huret et P. Faber et 1 fleuron au titre.

132. Le Soleil au signe du Lyon, d'où quelques parallèles sont tirez, avec le très chrestien, très juste et très victorieux Monarque Louys XIII... en son entrée triomphante dans sa ville de Lyon, ensemble ou sommaire de tout ce qui s'est passé de remarquable en ladite entrée de Sa Majesté, et de la plus illustre princesse de la terre, Anne d'Autriche... dans ladite ville de Lyon, le 11 décembre 1622. *Lyon, Jean Jullieron,* 1623, pet. in-fol., vél.

Dans cet exempl. il manque la dernière gravure qui représente le théâtre et le palais construits dans le parc du château de la Motte, situé à l'extrémité du faubourg de la Guillotière.

133. La France consolée, épithalame pour les nopces du tres chrestien Louis XIII, Roy de France et de Navarre, et d'Anne d'Autriche, Infante d'Espagne (par Favereau). *Paris, chez Jean Petit-Pas, s. d.* (1625), in-8, titre gravé, front., mar. bleu, fil., tr. dor., chiffre Ruggieri. (*Thibaron-Joly.*)

Bel exemplaire à toutes marges de ce livre très rare, non cité par Brunet. Il se compose de 20 ff. préliminaires y compris le titre front. de 98 pages et 1 feuillet pour le privilège. Le frontispice et les vignettes du texte ont été gravés par Crispin du Pas.

L'ouvrage commence par une lettre de Malherbe.

134. Le Pancraste d'Alcandre ou le carrosel de monseigneur le duc de la Valette faict en présence de monseigneur le duc d'Espernon, desdié à Leurs Grandeurs, par le sieur Morillon. *Bourdeaux, Pierre de la Court,* 1627, in-8, v. fil., dos orné. Aux armes d'Isaac Le Tenneur de Marolles.

Très rare, non cité par Brunet.

135. Sujet du feu d'artifice sur la prise de la Rochelle, que
Morel doit faire pour l'arrivée du Roy sur la Seine, devant
le Louvre, au Roy. *A Paris, chez C. Son et P. Bail,*
1628, pet. in-8, de 12 pp., dér.

   Pièce très rare.

136. L'Entrée victorieuse du roy en la ville de La Rochelle, et
le sermon du P. Souffrant... ensemble l'ordre de la très
célèbre procession qui fut faicte par toute la ville... le Vendredy 3 novembre 1628. *La Flèche, Gervais Larve* (1628),
pet. in-8, de 24 pp., br., n. rogné.

   Pièce rare.

137. La Joyeuse entrée du Roy en sa ville de Troyes, capitale
de la province de Champagne, le jeudy vingt-cinquiesme
jour de janvier 1629. *A Troyes, de l'Imprimerie de Jean
Jacquard,* 1629, in-4, de 50 pages, mar. rouge à compart. à
la Du Seuil, dent. intér., tr. dor. Armes de Louis XIII et
chiffre de Ruggieri. (*Masson-Debonnelle.*)

   Bel exemplaire grand de marges de ce livre fort rare.

138. La Triomphante entrée du Roy dans sa ville de Troyes,
ensemble la description des tableaux et magnificences
dressez pour icelle, par J. S. T. *Paris, Jacques Dugast,* 1629,
in-8, de 14 pp., mar. rouge, dent. intér., tr. dorées. Armes
de Louis XIII. (*Masson-Debonnelle.*)

   Très bel exemplaire d'un livre des plus rares.

139. Fêtes et Cérémonies de la Cour, extraits de la Gazette et
du Mercure de France, 1631-1747, ancienne intendance des
menus plaisirs. Manuscrit du xviiie siècle, in-fol., de 127 ff.
veau, filets.

   Exemplaire de la bibliothèque de M. Ch. Sauvageot. Il contient une
   vingtaine de pièces, principalement des relations de ballet, et des projets
   sur les fêtes de mariage du Dauphin.

140. Entrée de très haut et très puissant prince Henry de Bourbon, prince de Condé, premier prince du sang, en la ville de
Dijon, le trentiesme du mois de septembre 1632. *Dijon,
veuve Cl. Guyot,* 1632, in-fol., 5 planches vélin.

   Très rare. Les 5 pl. à l'eau forte sont gravées par Millot.

141. RÉCUEIL FACTICE DE CÉRÉMONIES, ENTRÉES, POMPES FUNÈBRES
de 1634 à 1686, etc. Environ 230 pièces en 4 vol., pet. in-4,
extraites de la Gazette de France et autres recueils, demi-
veau fauve.

142. Medicea hospes, sive descriptio publicæ gratulationis

qua Serenissimam, Augustissimanque Reginam, Mariam de Medicis, excepit senatus populusque amstelodamensis, Auctore Gaspare Barleo. *Amstelodami, Joh. et Lorn. Blaeu,* 1638, in-fol., mar. r., orn. sur plats, anc. rel.

Bel exemplaire, grand de marges, contenant un beau portrait de Marie de Médicis et 16 planches sur cuivre dessinées par Chr.-L. Moyaert, gravées par Savry.

Cette réception est motivée par l'exil de la reine-mère, qui ayant refusé de se réfugier à Florence, fut accueillie par le prince d'Orange, qui à quelques mois de là, craignant d'être inquiété par la France, la força de passer en Angleterre.

143. Marie de Médicis entrant dans Amsterdam, ou histoire de la réception faicte à la Reyne, mère du Roy très chrestien, par les bourgmaistres et bourgeoisie de la ville d'Amsterdam, traduicte du latin de Gaspar Barleus. *Amsterdam, Jean et Corn. Blaeu,* 1638, in-fol., portrait de Marie deMédicis, et 16 planches gravées remarquables, dessinées par L.Moyaert, de Vlieger et de Jonge, et gravées à l'eau forte et au burin, par Savry, veau, filets et ornements sur plats en compartiment, dos orné.

Traduction française de l'ouvrage précédent.

144. Autre exemplaire, même édition, très grandes marges, très belle conservation. In-fol., rel. en velours bleu.

145. Réception des princes et ambassadeurs en France (1639-1662), in-fol., manuscrit du xviie siècle, de 134 ff. parchemin, taches d'encre.

Les réceptions dont il est question dans ce mss. commencent par celles de Madame de Savoye à Grenoble en l'an 1639 et se terminent par celle du prince de Danemark en 1662. Ainsi qu'on peut le lire sur la note mss. de M. Ruggieri, ces cérémonies furent conduites par MM. de Berlize, de Bruslon et de Bonneuil.

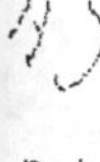

1643 à 1715.

146. Querela ad Gassendum de Parum Christianis Provincialum suorum Ritibus, minimunque sanis eorumdem Moribus, ex occasionne ludicrorum quæ aquis sextiis in Solemnitate Corporis christi ridiculi celebrantur (auctore Math. Neuré). *S. l.,* 1645, in-12, cart.

Cette lettre curieuse est de Laurent Mesmes, qui s'était fait connaître sous le nom de Mathurin Neuré. C'est une critique très vive, une plainte très acrimonieuse de Neuré, contre les fêtes des fous en général, et surtout contre celle d'Aix en Provence.

147. L'Esprit du cérémonial d'Aix en la célébration de la Fête-Dieu, par Pierre-Joseph. A*ix, s. d.* (1775), in-12, v.

C'est la réponse à la plainte de Neuré sur la fête des fous.

148. Histoire et relation du voyage de la Royne de Pologne et du retour de Madame la mareschalle de Guébrian, ambassadrice et surintendante de sa conduitte, par la Hongrie, l'Austriche, Styrie, Carinthie, le Frioul et l'Italie... par Jean le Laboureur, sieur de Bléranval. *Paris, Rob. de Nain,* 1648, 3 part. en 1 vol. in-4, mar. bleu, fil., dent. int., dos orné, tr. dor. (*Petit.*)

Livre de la plus grande curiosité. L'auteur, qui accompagna Marie de Gonzague jusqu'à Varsovie et la maréchale de Grébriant jusqu'à son retour en France, donne la relation de toutes les fêtes qui furent offertes à la reine et à la maréchale. Il accompagne cela des détails les plus intéressants sur les pays qu'il parcourt et sur leurs habitants.

L'exemplaire contient des tableaux généalogiques qui manquent quelquefois.

149. Description et interprétation des portiques érigés à l'entrée de tres hault et tres puissant prince Louis de Bourbon, prince de Condé, premier prince du sang, duc d'Anguien, Chasteaux-Roux, Albret.... etc, en la ville de Dijon le 6 mars 1648, accompagnés des figures et arcs de triomphe. *Dijon, Guyot,* 1650, pet. in fol. 6 pl. grav., vignettes et culs-de-lampe, mar. rouge, dos orné, fleurdelis., dent. intér., armes de Bourbon sur les plats. (*Thibaron-Echaubard.*)

Livre rare d'une entrée qui eut lieu pendant la magistrature de Bossuet, conseiller du Roy, père du célèbre évêque. Les 6 pl. ont été gravées à l'eau forte par Guyot, d'après D'Orgelet.

150. Le Sacre et couronnement de Louis XIV, roy..,. dans l'église de Reims, le septième juin 1654. *Reims, Bernard,* 1654, in-8, de 64 ff., veau mar.

151. Le Sacre et couronnement de Louis XIV dans l'église de Reims, le septième juin 1654. *Reims, chez la veuve Francois Bernard,* petit in-8, dérel.

152. Sacre de Louis XIV à Reims, in-4, mar. rouge, fil., tr. dor. Chiffre de Ruggieri sur les plats. (*Masson-Debonnelle.*)

Manuscrit de 60 ff. d'une bonne écriture de la fin du XVIIe siècle.

153. Lettre de J.-B. Rémond à Messieurs les Lieutenants Eschevins de la ville de Reims, au sujet de l'appareil fait pour l'entrée, sacre et couronnement du roi Louis XIIII en sa ville de Reims. 1654, en 8 ff. in-fol. Le dernier ff. est blanc.

Ce Rémond, dit M. Ruggieri dans une note mss à la fin de cette pièce, était introducteur des ambassadeurs. Nicolas-François Rémond, son fils, remplit les mêmes fonctions lors du sacre de Louis XV.

154. Feux d'artifice exécutés à Dijon sur les dessins du sieur Godran (1655-1700), manuscrit du xvii° siècle, in fol. de 32 ff. et 16 dessins de feux d'artifices, arcs de triomphe, etc. accompagnés de texte. In-fol., mar. rou., fil., tr. dor. Anc. rel.

> Ce manuscrit provient de la bibliothèque de l'abbé Ferret.

155. Les Armes triomphantes de son Altesse Mgr le duc d'Espernon, pour le sujet de son heureuse entrée, faite dans la ville de Dijon, le huitième jour du mois de may 1656, (par B. Grignette). *Dijon, Philib. Chavance*, 1656, in-fol., titre gravé, et 16 pl. grav. à l'eau forte, par Mathieu, d'après Godran, parch.

> Livre rare et curieux.

156. Les Emblesmes et Devises du Roy, des Princes et Seigneurs qui l'accompagnèrent en la calvacate royale, et course de bague que Sa Majesté fit au Palais Cardinal (1656), recueillies et dédiées à Son Altesse de Guise (par V. Gissey). In-4, front., dédicace et 25 pl. gravées, suivies de l'explication des emblesmes et devises du présent livre. *Paris, Ant. Sommaville*, 1657, in-4 de 6 ff. mar. vert., dent. intér., tr. dor., chiffre de Ruggieri. (*Masson-Debonnelle*.)

157. Les Plaisirs troublez, mascarade dansée devant le Roy, par Monsieur le duc de Guise. *Paris, Robert-Ballard*, 1657, in-4 de 24 pp., br., rogn.

158. Recueil de pièces en prose et en vers sur le mariage de Louis XIV avec Marie-Thérèse et leur entrée à Paris. 1660, 18 pièces en 1 vol. in-4, mar. rou. à comp., armes de Louis XIV et chiffre de Ruggieri, dos orné, tr. dor. (*Masson-Desbonnelle.*)

> Journaux historiques, contenant tout ce qui s'est passé de plus remarquable dans le voyage du roy, et de Son Eminence... par le sieur F.-C. (François Colletet) (4 journaux).
>
> Nouvelle relation contenant l'entrevue et serment des roys pour l'entière exécution de la paix.
>
> Suite de la nouvelle relation contenant la marche de Leurs Majestez depuis Saint-Jean-de-Lus jusques à Paris.
>
> Le Triomphe de la France sur l'entrée royale de Leurs Majestez à Paris. 1 grav.
>
> Requeste présentée à M. le Prévost des marchands par cent mil provinciaux ruinez...
>
> La liste générale et particulière de MM. les colonels, capitaines, avec l'ordre qu'ils doivent tenir dans leur marche.

Nouvelle relation contenant la royale entrée de Leurs Majestez à Paris.

La marche royale de Leurs Majestez depuis le château de Vincennes jusqu'au Throsne...

Le parfait portrait de Marie-Thérèse...

Description des arcs de triomphe eslevés dans les places publiques pour l'entrée de la reyne...

Explication et description de tous les tableaux, peintures, figures, qui estoient esposez à tous les arcs de triomphe...

Explication des devises générales et particulières des tableaux, figures en relief...

La véritable explication en prose et en vers des figures ovales, Thermes... qui sont dessus le pont Nostre-Dame à Paris.

Le Parnasse royal et la réjouyssance des muses sur les grandes magnificences qui se sont faites à l'entrée de la reyne.

Le feu royal et magnifique tiré sur la Seine.

Remerciement de messieurs les provinciaux à messieurs les marchands et eschevins de Paris.

La conférence de Janot et Piarot... avec une gravure de Ladame.

La muse en belle humeur.

159. Recueil de pièces en prose et en vers sur le mariage de Louis XIV avec Marie-Thérèse et leur entrée à Paris. 1660, 19 pièces en 1 vol. in-4, parch., mouillures.

Journaux historiques, contenans tout ce qui s'est passé de plus remarquable dans le voyage du Roy, et de Son Eminence... par le sieur F. C. (François Colletet). (1 journal seulement au lieu de 4.)

Nouvelle relation contenant l'entrevüe et serment des roys pour l'exécution de la paix.

Suite de la nouvelle relation contenant la marche de Leurs Majestez depuis Saint-Jean-de-Lus jusques à Paris.

Le Triomphe de la France sur l'entrée royale de Leurs Majestez à Paris. 1 grav.

La liste générale et particulière de messieurs les colonels, capitaines, avec l'ordre qu'ils doivent tenir dans leurs marche...

Requeste présentée à M. le prevost des marchands, par cent mil provinciaux ruinez...

Ordre général et particulier de la marche qui doit être observée dans les 3 jours consécutifs pour l'entrée de Leurs Majestez à Paris.

La cavalcade royale...

La marche royale de Leurs Majestez.

Nouvelle relation contenant la royale entrée de Leurs Majestez à Paris.

Le parfait portrait de Marie-Thérèse.., avec le portrait gravé par Larmessin.

La véritable explication en prose et en vers des figures, portraits de tous les rois de France qui sont dessus le pont Nostre-Dame de Paris.

Explication et description de tous les tableaux, peintures, figures... qui estoient exposez à tous les arcs de triomphe...

Explication des devises générales et particulières des tableaux...

Le Parnasse royal et la réjouyssance des muses sur les grandes magnificences faites à l'entrée de la Reyne.

Le feu royal et magnifique tiré sur la Seine.

Remerciement de messieurs les provinciaux à messieurs les prévosts des marchands et eschevins de Paris.

La conférence de Janot et Piarot...

La muse en belle humeur...

160. L'Entrée triomphante de Leurs Majestés Louis XIV et Marie-Thérèse d'Autriche, son espouse, dans la ville de Paris...., au retour de la signature de la paix générale (26 août 1660) et de leur heureux mariage... (par Jean Tronçon). *Paris, P. Le Petit,* 1662, in-fol., portr. front. et 22 pl. grav. J. Marot et Chauveau d'après J. Le Pautre, le portrait de Louis XIV, grav. d'après Mignard, par Van Schuppen, v. br. Armoiries.

161. Autre exemplaire, in-fol., veau br. très grand de marges, quelques mouillures et déchirures.

> La planche de la *Marche à l'entrée de Leurs Majestés en la ville de Paris* est dans toute sa longueur (déchirure qui n'atteint pas la gravure). Le portrait de Louis XIV, gravé d'après Mignard, est remplacé dans cet exemplaire par deux beaux portraits ajoutés de Louis XIV et de Marie-Thérèse d'Autriche, gravé par Jean Sauvé.

162. Un troisième exemplaire du portr. front. et des 22 pl. en demi-rel.

163. Histoire de la triomphante entrée du Roy et de la Royne dans Paris, le 26 d'Aoust 1660, avec la représentation et l'explication des arcs triomphaux qu'on y avoit eslevés et de toutes les autres magnificences. *Paris, van Merlen,* 1665, grand in-fol. 3 pages de texte, 1 front. et 22 pl. grav. par J. Marot et Chauveau, d'après Le Pautre, vél.

164. Les Réjouissances de la Paix, faites dans la ville de Lyon le 20 mars 1660 (par le P. Menestrier). *Lyon, Guill. Barbier, Jacques Justet,* 1660, in-fol. fig., demi-mar. vert avec coins.

> Livre rare, orné de 18 planches gravées par Auroux. Ce livre fut publié à l'insu du P. Ménétrier, c'est donc la première édition. La deuxième éd. fut donnée la même année avec son nom, à Lyon, chez B. Coral, 1660, in-8, 19 pl.

165. Relation de ce qui s'est fait et passé à l'arrivée et durant le séjour de Louis XIV roy de France et de Navarre dans la ville d'Avignon, depuis le 19 mars jusqu'au 1er avril 1660. *Avignon, Georges Bramereau,* 1660, in-4 de 40 pages, mar. rouge, orné d'un portrait en médaillon de Louis XIV et d'un plan d'Avignon, tr. d. (*Belz-Niédrée.*)

166. Pompa funebre nell'Esequie celebrate in Roma al Cardinal Mazarini nella Chiesa de SS. Vincenzo et Anastasio, da l'abatte Elpidio Benedetti. *In Roma, nella Stampa. della Rev. Cam. Apost.*, in fol. de 16 pp. et 5 planches et fleurons, dessinés par D. Barrière, mar. bleu, filets, dos orné, dent. intér., tr. dorées, chiffre de Ruggieri. (*Petit.*)

Dans ce même vol. se trouvent diverses pièces de même format, relatives à cette pompe funèbre, ce sont :

Julii Mazarini eminentissimi cardinalis elogium funebre. *Roma, typogr. Rev. Cam. Apost.*, MDCLXI (par Fr. Leo Carmelita rhedonensis), in-f. de 18 pp. fleurons, culs-de-lampe et lettres ornées.

L'éloge funèbre de l'éminentissime cardinal Jules Mazarin (par Fr. Léon...). *Rome, imprim. de la Rev. chambre apost.*, MDCLXI, in-fol. de 22 pp. fleurons, culs-de-lampe et lettres ornés.

Elogio funebre dell' ement. cardenal Mazerino. Roma, etc... MDCLXI (de F. Æ.), in-fol. de 15 pp., fleurons et lettres ornées.

Elogio funebre dell' eminent. cardinal Mazarino (Fra Cirillo di Termine Carmelitano...). *Roma*, etc... MDCLXI, in-fol. de 16 pp. fleurons et lettres ornées.

167. Festiva ad capita annulumque decursio, a rege Ludovico XIV, principibus, summisque aulæ proceribus edita anno 1662, scripsit gallice Carolus Perrault, latine reddidit, et versibus heroicis expressit Spiritus Fléchier. *Parsiis e Typogr. regia*, 1670, gr. in-fol. front. de Rousselet, 4 pl. grav. par Israël Sylvestre et 85 pl. grav. par Chauveau, et 6 en-têtes du même, veau, filets, orn. sur plats. Aux armes de Louis XIV et à son chiffre.

168. COURSES DE TESTES ET DE BAGUE faites par le roy et par les princes et seigneurs de sa cour en l'année MDCLXII. Redigé par Ch. Perrault, avec une relation envers latins, par Fléchier. *Paris, Impr. Royale*, 1670, gr. in-fol. frontispice de Rousselet, 4 pl. grav. d'Israël Silvestre, 85 pl. pl. de Chauveau et 6 en-têtes du même, mar. rouge, double fil., dos orné. tr. dor. Reliure ancienne à la Du Seuil, aux armes de Louis XIV et à son chiffre.

Bel exempl. de premier tirage, ouvrage aussi intéressant pour l'archéologue parisien que pour l'amateur de belles gravures. L'inventeur du divertissement se nomme Vigarani, et celui qui fournit les dessins des habits fut Gieffé.

169. Autre exemplaire, gr. in fol., v. br., incomplet de 9 pl. de Chauveau et d'une grande pl. d'Israël Sylvestre.

170. Nouveau journal historique du grand et magnifique Carousel de Louis XIV, contenant tout ce qui s'est fait et passé les 5 et 6 de juin 1662 (composé par L. S. C.). *Paris, J.-B. Loyson*, 1662, in-4 de 6 ff., dérelié.

171. Les Plaisirs de l'isle enchantée, course de bague, colla-

tion ornée de machines ; comédie, meslée de danse et de musique ; ballet du pallais d'Alcine ; feu d'artifice et autres festes galantes et magnifiques, faistes par le roy à Versailles le 7 mai 1664 et continuées plusieurs autres jours, par Molière et autres. *Paris, Imp. Royale,* 1673, in-fol. nombreuses figures. — Relation de la feste de Versailles du 18 juillet 1668 (par Félibien). *Paris, Imp. Royale,* 1679. — Les divertissemens de Versailles donnez par le roy à toute sa cour au retour de la conquête de la Franche-Comté, en l'année 1674, par Ant. Félibien des Avaux. *Paris, Imp. Royale,* 1676. En 1 vol. in-fol., v. br.

Bel exemplaire, grand de marges et beau d'épreuves.

La première pièce contient 8 grandes figures gravées par Israel Sylvestre ; la deuxième, 5 grandes planches gravées par Le Pautre ; et la troisième 6 grandes figures gravées par Le Pautre et Chauveau.

172. Les Présages de la grandeur de monseigneur l'éminentissime et reverendissime cardinal Flavio Chisi, neveu de Sa Sainteté, son légat *a latere*, en France et ordinaire de la ville d'Avignon et comtat Venaissin. Dessein de l'appareil dressé à l'entrée de Son Eminence dans la ville d'Avignon. *Avignon, G. Bramereau,* 1664, in-fol. de 61 pp. dérel. Fortement atteint d'humidité, exempl. bon à en compléter un autre.

A la suite 4 ff. n. chiff. comprenant une poésie intitulée : *Avignon à Rome.*

173. L'Entrée solennelle dans la ville de Lyon, de monseigneur l'éminentissime cardinal Flavio Chigi, neveu de Sa Sainteté, et son Légat *a latere* en France, avec les noms, qualitez et blasons des prélats, seigneurs et gentilshommes de sa suite. *Lyon. Cl. Fumeux,* 1664, in-fol., portrait du cardinal et nombr. fig. de blasons, veau, reliure en très mauvais état.

Rare.

174. Pièces diverses concernant la fête de Versailles du 18 juillet. *Paris, chez Claude Barbin,* in-12, mar. rouge, fil. parsemé de fleurs de lis sur les plats, tr. dor. (*Masson-Debonnelle.*)

175. La Feste d'Erbaud du 8 octobre 1668, descrite par M. Péliçon. In-12, de 40 p., mar. rouge ancien, compart. à la Du Seuil, dent. intér., tr. dor. (*Masson-Debonnelle.*)

Plaquette très rare. Le petit village d'Erbaud est situé à trois lieue s de Chambord. C'est la relation d'une fête que donna Louis XIV.

176. Relation de ce qui s'est fait et passé à l'arrivée de madame la duchesse de Sault dans la ville de Grenoble, le seizième

de septembre mil six-cents septante six, par le sieur François Boniel. P. de Tressort. *A Grenoble, chez André Galle et Robert Philippe*, 1676, in-fol., mar. rouge, compart. à la Du Seuil, tr. dor.

177. Relation des assemblées faites à Versailles dans le grand apartement du roy pendant ce carnaval de l'an 1683 et des divertissements que Sa Majesté y avoit ordonés. Adressés à Mme la princesse de Bronswic et de Lunebourg, duchesse d'Hanover. *Paris, Pierre Cottard*, 1683, pet. in-12, mar. lavall., orn. sur les plats, tranches dor. (*Belz-Niédrée.*)

178. La Brillante journée ou le carrousel des galans maures entrepris par monseigneur le Dauphin avec la Comparse; les courses et des madrigaux sur les devises. *Lyon, Th. Amaulry*, 1685, in-4, dem.-mar. rouge lavé et encollé.

L'édition de Lyon est plus rare que celle de Paris, même année.

179. La Source glorieuse du sang de l'auguste maison de Bourbon dans le cœur de Saint-Louis, roy de France ; sujets de l'appareil funèbre pour l'inhumation du cœur de très haut, très puissant, très illustre prince Louis de Bourbon, prince de Condé, premier prince du sang. *Paris, Est. Michallet*, 1687, in-4, de 20 pp., dérelié. (*Mauv. état, mouill. et déchirures.*)

180. Relation générale et véritable des fêtes de la ville d'Aix pour l'heureux retour de la santé tant désirée de Louis le Grand, par M. de Haitze. *Aix, Charles David*. 1687, in-8, mar. rouge anc., dent. intér., tr. dor., chiffre Ruggieri sur les plats. (*Masson-Debonnelle.*)

Ouvrage rare. Ces fêtes eurent lieu à l'occasion du rétablissement de Louis XIV, qui avait dû subir une opération chirurgicale.

181. La Feste de Chantilly, contenant tout ce qui s'est passé pendant le séjour que Monseigneur le Dauphin y a fait, avec une description exacte du Chasteau et des Fontaines. *A Paris, chez Michel Guérout*, 1688, in-12, mar. rouge, compart., tr. dor. Chiffre Ruggieri sur les plats. (*Masson-Debonnelle.*)

Rare.

182. La Statue de Louis le Grand placée dans le Temple de l'Honneur, dessein du feu d'artifice dressé devant l'hôtel de ville de Paris, pour la statue du roy, qui y doit estre posée (par le sieur Beausire, architecte de la ville). *Paris, Nicolas et Ch. Caillou*, 1689, in-4, 1 grande pl. grav. et 1 vignette au titre, demi-mar. rouge avec coins.

Fort rare.

183. Lettre du roy écrite à Monseigneur l'archevêque de Paris pour faire chanter le Te Deum en l'église Notre-Dame, en action de grâces de la paix. *Paris, L. Josse*, 1697, in-4, de 4 p. cart., non rogné. — Dessein du feu d'artifice élevé devant l'hôtel de ville, le jour du Te Deum chanté en l'église Notre-Dame, le 14 novembre 1697 en action de grâces de la paix. *Imprimé par L. Rondet à Paris*, in-4, de 7 pp. et 1 planche grav. du feu d'artifice.

> Cette dernière pièce est fort rare.

184. DÉTAIL UNIVERSEL DES RÉJOUISSANCES FAITES DANS LA VILLE ET FAUXBOURGS DE TROYES, au sujet de la paix generale, avec plusieurs ouvrages en vers, sur le même sujet, par Maugard. *Troyes, chez Edme Prévost*, 1698, in-4, de 44 pages, mar. rouge, compart à la Du Seuil, tr. dor., aux armes de Louis XIV et chiffre de Ruggieri sur les plats. (*Masson-Debonnelle.*)

> Avec la couverture originale et une lettre autogr. signée du prince de Soubise au maire et aux échevins de Troyes.
>
> Seul exemplaire connu.

185. Lettres inédites de Duché de Vanci, contenant la relation historique du voyage de Philippe d'Anjou appelé au trône d'Espagne,..... par Colin et Raynaud. *Paris, Lacroix...* 1830, in-8, demi-veau, dos orné, non rog.

> Ce volume est le texte explicatif des planches dessinées par le roi Philippe V et le duc de Berry. M. Ruggieri a vendu en 1873, 500 fr. le recueil de 63 dessins à la plume, fait par le duc de Berry, encore enfant, lors de ce voyage. Chaque dessin était accompagné de sa description, écrite de la main du duc lui-même, avec la date.

186. L'Auguste piété de la royale maison de Bourbon, sujet de l'appareil fait à Avignon pour la réception de monseigneur le duc de Bourgogne et de monseigneur le duc de Berry durant le consulat de M. le marquis de Sade, de M. J. B. Barbier, de M. P. Gollier et de M. C. Bayol, assesseur, par le P. JJ. Boutons. *Avignon, Fr. Sébast. Offray*, 1704, in-fol. front., planches et vign. grav. par Lud. David, cart.

> Volume rare et curieux.

187. L'Auguste piété de la royale maison de Bourbon, sujet de l'appareil fait à Avignon pour la réception de monseigneur le duc de Bourgogne et de monseigneur le duc de Berry durant le consulat de M. le marquis de Sade, de M. J. B. Barbier, de M. B. Gollier et de M. C. Bayol, par le P. JJ. Bontous. *Avignon, Fr. Sébastien Offray*, 1701, in-fol, 6 pl. grav. et vign. de Lud. David, cuir de Russie.

188. Discours sur les arcs triomphaux dressés en la ville d'Aix, à l'heureuse arrivée de Monseigneur le duc de Bourgogne et de Monseigneur le duc de Berry (Par Pierre de Chastueil-Gulloup). *Aix, J. Adibert*, 1701, in-fol, 4 pl. grav. à l'eau forte par J. Cl. Cundier, bas.

> Bon exemplaire, grand de marges, de ce livre relatif aux fêtes données dans le midi de la France lors du voyage que firent les deux princes revenant d'accompagner le roi d'Espagne.

189. Réjouissances faites à Lyon pour la naissance de Monseigneur le duc de Bretagne, par le R. P. de Colonia, de la compagnie de Jésus. *Lyon, Ant. Briasson*, 1704, in-4, percal., non rogn.

> Exempl. orné de 5 belles planches de toute rareté.

1715 à 1774.

190. Lettre du roy Louis XV qui fixe le jour de son sacre au 25 octobre 1722, adressée aux lieutenants, gens du conseil et échevins de la ville de Reims. *Manuscrit* de 69 pages. in-4, du xviiie siècle. — Explication des emblemes héroïques inventés par M. le chevalier D*** pour la décoration des arcs de triomphe erigez aux portes de Reims lors de la ceremonie du sacre de Louis XV, roy de France et de Navarre. *Reims, Pottier*, 1722, in-4, de 16 pp., mar. rouge, filets, dos orné, dent. intér., tr. dor., chiffre de Ruggieri sur les plats. (*Masson-Debonnelle.*)

> L'Explication des emblèmes héroïques est du chevalier de la Touche de Châlon en Champagne, auquel la ville a présenté, en reconnaissance, une épée et une canne à pomme d'or. (Voir page 7 du manuscrit précédent.)

191. Relation de la cérémonie du sacre et couronnement du Roy (Louis XV) faite en l'église... de Reims, le... 25 octobre 1722. — Suite de la relation du sacre... et des cérémonies qui l'ont suivie. — Dernière partie de la relation du sacre... et de ce qui s'est passé pendant le voyage de Sa Majesté. 3 pièces in-4, en ff., du bureau d'adresse, 1722, concernant le sacre de Louis XV.

192. Journal du voyage du roi Louis XV à Rheims contenant ce qui s'est passé de plus remarquable à la cérémonie de son sacre et couronnement,... avec la description des fêtes données à S. M., à Villers-Cotterets et à Chantilly. *La Haye, Rutgert Alberts*, 1723, 2 tom. en 1 vol. in-12, v. m. (*Manque le titre du 2e volume.*)

193. Recueil de pièces de la maison royale de 1722 à 1753 contenant les pièces suivantes : 1722, mariage de Louis XV, 5 pièces ; 1729, naissance du dauphin, 6 pièces ; 1739, mariage de Madame, 12 pièces ; 1741, fête de la Saint-Louis et brevet accordé aux sieurs Guérin, Testard et Dodenant, 3 pièces ; 1745, mariage du dauphin, 2 pièces ; 1749, estampe iconologique en forme de médaille, 1 pièce ; 1751, naissance du duc de Bourgogne, 33 pièces ; 1751, convalescence du dauphin, 18 pièces ; 1753, naissance du duc d'Aquitaine, 6 pièces. Total, 96 pièces. En 1 vol. in-4, fig., v. m.

194. Journal historique du voyage de S. A. S. mademoiselle de Clermont, depuis Paris jusqu'à Strasbourg ; du mariage du roy et du voyage de la reine, depuis Strasbourg jusqu'à Fontainebleau ; de l'entrevue des deux rois et des deux reines au village de Bouron... par le chevalier Daudet de Nismes. *Chaalons*, 1725, in-8, veau br.

195. Distinta relazione e notizie della Machina di Fuoco Artificiale (in Roma) falta in Piazza Navona destinata per il giorno di mercoledi 26 di settembre 1725 ordinate da Melch. di Polignach in occas. delle nozze d. S. R. M. di Luigi XV e Maria (*Roma*, 1725), in-4, de 2 ff. réemmargés 4 gr. planches pliées, dont une signée Vasconi.

196. Recueil de 21 pièces en 1 vol. in-4, cart.

La plupart concernant des arrêts du roi, sur la police, la navigation, les condamnations, le commerce, la voirie, les étrangers, et particulièrement sur Dijon. Les plus intéressantes sont : Ordonnance concernant les salpêtriers, 1780; Relation des réjouissances qui se sont faites à Dijon, à la naissance de monseigneur le Dauphin, 1729; Relation de ce qui s'est passé pour le baptême du fils de M. Amelot de Chaillou, intendant de Bourgogne, 1785; La relation des réjouissances faites par la naissance du Dauphin, 2 grav. de Philippeau (arc de triomphe). Celle de ce qui s'est passée pour le baptême du fils de M. Amelot de Châlon contient aussi une gravure de Philippeau.

Les autres pièces ont comme en-tête une vignette.

Il y a quelques pages manuscrites.

197. Relation de ce qui s'est passé dans la ville de Beaune à l'occasion de la naissance de monseigneur le Dauphin. *Beaune, Fr. Simonnot*, 1729, in-4, de 6 pp., n. rogn.

198. Réjouissances faites à Vienne, en Dauphiné, à l'occasion de l'heureuse naissance de monseigneur le Dauphin, avec l'explication des devises, emblèmes et autres ornemens qui accompagnoient le feu d'artifice dressé sur la place Neuve le 25 septembre 1729. *Vienne, Ant. Mazinier*, in-4 de 20 pages, dem.-mar. rouge, av. coins.

199. Relation des réjouissances faites à Grenoble au sujet
de la naissance de monseigneur le Dauphin, avec l'explication des emblèmes, devises et inscriptions posées sur les
fontaines de vin, et celles qui ont orné le feu d'artifice fait
sur l'Isère, avec une estampe représentant le dessin et l'élé-
vation du feu d'artifice. *Grenoble*, 1729, in-fol. de 14 p. et
1 pl. grav., cart.

200. Feu d'artifice tiré par Georges, artificier de Paris, le
25 septembre 1729, et Festin de ville en réjouissance, de la
naissance de monseigneur le Dauphin. *Sens*, 1729, in-4 de
10 pages, vignettes, demi-mar. rouge et coins.

   Fort rare.

201. De la feste et du feu d'artifice qui doit être tiré à Paris,
sur la rivière, au sujet de la naissance de monseigneur le
Dauphin par ordre de Sa Majesté catholique Philippe V, le
21 janvier 1730. *Paris, Gandoin*, 1730, in-4, demi-mar. vert,
avec coins, 3 grav. sur cuivre qui se déploient, par Servandoni.

   Rare et recherché, car des fêtes données à l'occasion de cette naissance,
   ce fut la plus belle, le roi d'Espagne ayant ordonné à ses plénipotentiaires de ne rien ménager pour qu'elle fût supérieure aux autres, tant il
   fut heureux de cette nouvelle.

202. Carlo Magno festa theatrale in occasione della nascita
del Delfino offerta alle sacre Reali Maestà cristianissime del
Re. E. Regina di Francia dal cardinale Otthaboni. *Roma*,
1729, in-4, 14 pl. vél.

203. Relation des réjouissances faites à Saint-Jean-de-Lône,
le 3 novembre 1736, à l'occasion de l'année séculaire du
siège mis par les impériaux devant cette ville le 25 octobre
1636 et levé le 3 novembre suivant. *Dijon, de Fay*, 1736,
in-8, mar. rouge ancien, fil.; dos orné, dent. intér., tr. dor.,
chiffre de Ruggieri sur les plats. (*Masson-Debonnelle.*)

   Pièce curieuse et très rare.

204. Description des fêtes données par la ville de Paris à
l'occasion du mariage de Madame Louise-Elisabeth de
France et de dom Philippe, infant et grand amiral d'Espagne, les 29 et 30 août 1739. *Paris, Le Mercier*, 1740, gr.
in-fol., mar. rou., dent.

   Reliure ancienne aux armes de la ville de Paris. 1 fleuron au titre
   grav. par Soubeyran d'après Bouchardon, un en-tête de page de Rigaud
   et 13 grandes planches gravées par Blondel.

205. Autre exemplaire du même ouvrage, même édition, belle

reliure ancienne, mar. rouge, larges dent., doublé de moire
bl., tr. dor.

Aux armes du roi de Pologne.

206. Autre exemplaire du même ouvrage, reliure en v. m.

Aux armes de la ville de Paris.

207. Description historique de l'édifice que les sieurs Guérin
père et fils, Testard et Dodenand, artificiers du roy, auront
l'honneur de présenter pour bouquet à Sa Majesté à la fête
de la Saint-Louis 1741. *Paris, Gonichon*, 1741, 15 p. in-4,
planche, demi-mar. r.

Rare.

208. Lettres de M. J. B. P. A. (Pistoye) à un de ses amis,
contenant la relation générale des réjouissances faites en
1744 dans la ville d'Aix, à l'occasion de la convalescence de
Louis XV. *Aix, Vve Joseph David et Esprit David*, 1744,
in-12, bas.

A la suite : Relation générale des réjouissances qui se sont faites à Aix,
eu 1744, avec un détail circonstancié de la fête de l'Archevêque, de celle
du parlement et des comptes; il y est fait mention des fêtes des tréso-
riers de France, de la Sénéchaussée, du grand-prévôt et de la ville. *Aix,
Clément Adibert*, in-8, plus 3 pages manuscrites sur papier, intitulées :
Réponse aux observations sur la relation généralle des réjouissances faites
à Aix, à l'occasion de la convalescence de Louis XV, en 1744.

Très rare.

209. Fêtes publiques données par la ville de Paris à l'occasion
du mariage de monseigneur le Dauphin (avec Marie-Thérèse,
infante d'Espagne) les 23 et 26 février 1745. *Paris*, 1745,
grand in-fol. texte gravé et encadré, 1 front. et 19 pl. grav.
par Le Bas, d'après Ch. Hutin, v. m., dent., tr. dor. (*Armes
de la ville de Paris.*)

Bel exemplaire, très beau d'épreuves, de cette fête célébrée avec magnificence et libéralité. A Paris, on avait construit dans divers quartiers de
la ville, des hangars où le peuple, le 22 février, jour de la célébration du
mariage, put manger, danser et s'ébattre en toute liberté.

210. Fête publique donnée par la ville de Paris à l'occasion
du mariage de monseigneur le Dauphin (avec la princesse
Marie-Josèphe de Saxe) le 13 février 1747. *Paris*, 1747,
grand in-fol., texte gravé et encadré, 1 frontisp. et 7 grandes
pl., veau m., dent., tr. dor. (*Armes de la ville de Paris.*)

Les gravures qui accompagnent cette relation en ont fait une véritable
œuvre d'art, le texte est de Lattré, encadré de jolis bordures, le frontispice allégorique a été gravé par J.-J. Flipart, d'après le dessin de Michel-
Ange Slodtz, les grandes planches gravées par Le Mire, Tardieu et autres.

211. Recueil général des pièces, chansons et fêtes données à

l'occasion de la prise du Port-Mahon, précédé du journal historique de la conqueste de Minorque. *En France*, 1757, in-8, v. fil.

212. Lettre d'un particulier de Beaucaire à un Toulousain de ses amis au sujet de la foire qui se tient dans cette ville le 22 juillet de chaque année, contenant un détail des diverses cérémonies usitées pour la publication de cette foire. *Avignon*, 1771, in-12, demi-mar. grenat et coins, tr. sup. dor., n. rogn.

Livre fort curieux et très rare.

1774 à 1789.

213. Sacre et couronnement de Louis XVI, roi de France et de Navarre, à Rheims, le 11 juin 1775 (par l'abbé Pichon), précédé de Recherches sur le sacre des rois de France. *Paris, Patas*, 1775, gr. in-8, nomb. grav., demi-v., n. rogn.

Très curieux volume au point de vue du costume : il comprend 1 titre gravé, 1 frontispice, 14 vignettes et 48 figures, reproductions des grandes pl. du sacre de Louis XV.

214. Autre exemplaire, v. m., quelques figures coloriées.

215. Ordre de la marche et des cérémonies observées au sacre et couronnement de Sa Majesté Louis XVI. *Paris et Liège, J. Dessain*, 1775, pet. in-8, mar. rouge, de 56 pages, fil., tr. supér. dor., chiffre de Ruggieri. (*Dupré*.)

Exemplaire non rogné d'un livre très rare.

216. Relation de la cérémonie du sacre et couronnement du roi, faite en l'église métropolitanie de Reims, le dimanche 11e jour de juin 1775. *Paris, Imp. de la Gazette de France*, in-4, de 36 pages, cart.

217. Journal historique du sacre et du couronnement de Louis XVI, roi de France (par l'abbé Pichon). *Paris, Vente*, 1775, in-8, 2 vign., demi-mar. rouge, avec coins, dos orné, tr. supér. dor., n. rogn.

218. Journal des fêtes données à Marseille à l'occasion de l'arrivée de Monsieur, frère du roi... *Marseille, Ant. Favet*, 1777, in-4, mar. roug., fil., dent., tr. dor. Anc. reliure. Armes de la ville de Marseille.

219. Explication des cérémonies de la Fête-Dieu, d'Aix-en-Provence... (par Gasp. Grégoire). *Aix, Esprit David*, 1777, in-12, portrait et 13 pl. grav., demi-rel.

Bel exempl. non rogné, dont les fig. sont de premier tirage.

220. Relation du grand prix rendu à Beaune, en août 1778, seconde édition, par Courtépée. *Dijon, Causse*, 1779, in-8, demi-mar. rouge av. coins, dos orné, tr. dor.

221. Discours sur la fête de la rose célébrée à la Falaise, 14e juin 1778. *La Falaise et Paris*, 1779, in-12, cart.

222. Relation des réjouissances faites à Nancy, à l'occasion de la naissance de monseigneur le Dauphin. *Nancy, H. Hænen*, (1781), in-8 de 8 pp., br., n. rogn.

223. Relation de ce qui s'est passé à Grenoble le 18 septembre 1788. *S. l.*, in-8 de 4 pp., demi-veau fauve.

224. Récit des fêtes données à Grenoble, les 12 et 20 octobre 1788, au retour du Parlement, suivi du Recueil des divers discours et compliments adressés au parlement de Dauphiné, à l'occasion de son heureux retour. *S. l. n. d.*, in-8, demi-veau fauve.

225. Description d'une fête patriotique donnée à Nismes, le vingt-neuf novembre mil sept cent quatre-vingt huit, par le tiers-état de cette ville. *Nismes*, 1788, in-8, demi-veau fauve.

226. Fêtes patronales et usages des corporations et associations qui existaient à Marseille avant 1789, leurs armoiries et celles des communautés, hopitaux, tribunaux et administrations ; fêtes et dévotions de la municipalité marseillaise avant la Révolution, etc., etc., par de Régis de la Colombière. *Marseille, Boy*, 1863, in-8, 27 pl. d'armoiries, demi-v., n. rogn.

1789 à 1814.

227. COLLECTION DES PIÈCES OFFICIELLES ET DES DOCUMENTS ORIGINAUX SUR LES FÊTES DE LA RÉPUBLIQUE FRANÇAISE (1789-1815). Environ 540 pièces in-8, n. rog., quelques-unes avec vignettes.

Collection unique. Voir le détail à la fin du catalogue.

228. Les Fêtes nationales à Caen sous la Révolution, par A. Campion. *Caen*, 1877, in-8, demi-veau fauve.

229. Confédération nationale ou récit exact et circonstancié de tout ce qui s'est passé à Paris, le 14 juillet 1790, à la Fédération. *Paris, Garnery*, l'an second de la liberté, pet. in-8, 5 fig., br.

230. Le Sacre de S. M. l'empereur Napoléon, dans l'église
métropolitaine de Paris, le dimanche 2 décembre 1804.
Paris, Imp. Impér., gr. in-fol., demi-chagr. v., avec coins,
n. rog., 39 grav. d'après les dessins d'Isabey, Percier et Fontaine.

> Bel exemplaire de cet ouvrage remarquable pour son exécution.
>
> On y a joint une gravure représentant la Bataille de Marengo, par
> Duplessis-Bertaux.
>
> Epreuve d'artiste avant toutes lettres.

231. Procès-verbal de la cérémonie du sacre et du couronnement de LL. MM. l'empereur Napoléon et l'impératrice Joséphine. *Paris, Imp. Impériale*, an XIII, 1805, in-4, veau
m., dent. (*Armes impériales.*)

232. FASTES. Fêtes du couronnement de Napoléon. *Paris,
P. Didot l'aîné*, an XIII, 1804, in-4, portrait, demi-maroq.
brun.

233. Histoire du couronnement ou relation des cérémonies
religieuses, politiques et militaires qui ont eu lieu pendant
les jours mémorables consacrés à célébrer le couronnement
et le sacre de Sa Majesté impér. Napoléon I... (par M. Du-
chaulchoy). *Paris, Dubray*, 1805, in-8, demi-bas.

234. Cérémonies et fêtes du sacre et couronnement de leurs
Majestés impériales Napoléon Ier et son auguste épouse.
Paris, Bance, 1806, gr. in-fol., 3 pp. de texte et 7 grands
pl. grav., demi-veau.

235. Autre exemplaire du même ouvrage.

236. Description des cérémonies et des fêtes qui ont eu lieu
pour le couronnement de Leurs Majestés Napoléon, empereur
des Français et roi d'Italie, et Joséphine, son auguste épouse.
Recueil de décorations exécutées dans l'église N.-Dame de
Paris et au Champ de Mars, d'après les dessins et sous la
conduite de C. Percier et P.-F.-L. Fontaine, architectes de
l'empereur. *Paris, Leblanc*, 1807, gr. in-fol., texte, 28 pp.,
vign. et 12 gr. planches, demi-bas. av. coins, n. rogn.

237. Relation du passage et du séjour de Leurs Majestés impériales et royales et de Sa Sainteté Pie VII à Troyes, dans le
mois de germinal de l'an XIII (avril 1805). *Troyes, Gobelet*,
1806, in-4, 1 pl. représentant l'arc de triomphe élevé à cette
occasion, demi-mar. vert.

238. Description des cérémonies et des fêtes qui ont eu lieu
pour le mariage de Sa Majesté l'empereur Napoléon avec
S. A. I. madame l'archiduchesse Marie-Louise d'Autriche,
par Ch. Percier et P.-F.-L. Fontaine. *Paris, Didot l'aîné*,

1810, gr. in-fol., 13 grandes planches gravées au trait, cart., non rogn.

Bel exemplaire en grand papier.

239. Le même ouvrage, gr. in-fol., pap. ord., cart.

240. Fêtes à l'occasion du mariage de Sa Majesté Napoléon, avec Marie-Louise, archiduchesse d'Autriche. Recueil de gravures au trait, avec une description par M. Goulet. *Paris*, 1810, in-8, cart. à la Bradel, 54 gravures au trait de Normand.

241. Dossier contenant un grand nombre de pièces relatives au modèle-simulacre de l'arc de triomphe de l'Etoile exécuté par Chalgrin, architecte, en charpente et en toile, pour le mariage de Napoléon Ier et de Marie-Louise, en mars 1810.

Ce dossier comprend :

Une soixantaine de lettres de correspondance, signées : Montalivet, Chalgrin, Barbier Neuville, chef de la direction des Beaux-Arts, comte Dubois, préfet de police, Cellerier, architecte, Laffite, peintre, etc. Cette correspondance est curieuse à cause des mesures prises contre les ouvriers charpentiers qui voulaient se refuser au travail.

Une affiche, adressée de la préfecture de police, à M. Chalgrin, concernant l' « Ordonnance qui interdit la circulation de toute espèce de voitures dans la grande avenue des Champs-Elysées. Très curieux et très rare.

Un livre imprimé et manuscrit intitulé : Modèle simulacre de l'arc de triomphe de l'Etoile exécuté dans ses dimensions par Chalgrin, architecte, en charpente et en toiles, pour le mariage de Napoléon et de Marie-Louise, mars 1810, in-4, obl. de 12 pp.

Le journal mss. du contrôleur qui constate les travaux et les événements arrivés lors de la construction du simulacre de l'arc de triomphe.

Réunion de pièces aussi curieuses que rares.

242. Description de l'arc de triomphe érigé par la société de commerce de Gand, à l'occasion du mariage de LL. MM. II et RR. Napoléon Ier et Marie-Louise d'Autriche, et de leur entrée dans la ville de Gand, le 17 mai 1810, par de Bast. *Gand*, 1811, in-fol., 2 grav., dem.-rel.

1814 à 1885.

243. Description des cérémonies, fêtes, entrées solennelles et honneurs rendus à Louis XVIII, en Angleterre et en France. *Paris, Schœll*, 1814, in-8, demi-mar. rouge et coins, dos orné, tr. dor., n. rogn.

Volume rare qui donne l'historique de tous les honneurs dont Louis XVIII fut entouré en Angleterre à cette époque, son entrée triomphale à Londres, son arrivée à Calais, son entrée à Paris, etc.

244. Relation de ce qui a eu lieu à Amiens lors du passage de Sa Majesté le roi Louis XVIII, et de Son Altesse royale madame la duchesse d'Angoulême, par un Amiénois. *Amiens, Caron-Vitet*, 1814, in-8, demi-mar. rouge av. coins, tr. supér. dor., n. rogn.

> Relation très rare de cette fête, l'une des premières données à Louis XVIII, à son arrivée en France.

245. Fêtes et souvenirs du congrès de Vienne. Tableaux des salons, scènes anecdotiques et portraits (1814-1815), par le comte A. de la Garde. *Paris*, 1843, 2 vol. in-8, fig., dem.-v. f.

246. Cérémonie du champ de mai (2 et 4 juin 1815), diverses pièces extraites du Moniteur, 5 ff. in-4.

247. Relation des fêtes données par la ville de Paris et de toutes les cérémonies qui ont eu lieu dans la capitale à l'occasion de la naissance et du baptême de S. A. R. M. le duc de Bordeaux. *Paris*, 1822, in-8, fig., br.

248. Précis historique du sacre de S. M. Charles X, à Reims. contenant les détails de cette cérémonie, rédigé par G. J. Ch. Siret. *Reims*, 1826, in-4, br.

248 *bis*. Autre exemplaire du même ouvrage, sur papier bl. cart. Le titre manque.

249. Journal historique des cérémonies et fêtes du sacre de Sa Majesté Charles X. *Paris, Imp. Royale*, 1837, in-fol., 30 planches représentant les cérémonies et les costumes, gravées par Lefèvre, Lignon et Muller, cart., n. rogn.

> Superbe exemplaire en grand papier.
>
> Épreuve faite avec les anciens caractères de l'Imprimerie Royale pour faciliter la correction du texte et en même temps arrêter les diverses espèces de corps de types nouveaux à employer, et les blancs à remplir par des vignettes et culs-de-lampe.

250. Sacre de Sa Majesté Charles X dans la métropole de Reims le 29 mai 1825. *Paris, Sazerac et Duval*, 1825, gr. in-fol., avec 11 lithogr. par Arnout, Deroy, Victor Adam, etc., dem.-bas., dent., n. rogn.

> Bel exemplaire d'un livre qui n'a été tiré que pour les souscripteurs, auquel on a ajouté le recueil de six vues de Salneuve présentant les cérémonies extérieures du même sacre.

251. Le même ouvrage. *Paris, Sazerac et Duval*, 1825, gr. in-fol., 11 lithogr., cart.

252. Recueil de six vues et de deux plans topographiques présentant les principales cérémonies extérieures du sacre de Charles X (1825). *Paris, Engelmann* (1825), gr. in-fol. de 6 lithogr. dessinées par Salneuve et 2 plans en feuilles.

253. Recueil de pièces concernant le sacre ou couronnement de Charles X, en 1 vol. in-8, cart.

1. Relation complète du Sacre de Charles X... par M. Darmaing. *Paris, Baudoin frères*, 1825.

2. Histoire de Samuel, inventeur du sacre des rois... par C. F. Volney, 4e édition. *Paris, Bossange frères*, 1822, 150 pp.

3. Le couronnement d'un roi, essai allégorique en un acte et en prose... par... (M. Louis Jérôme Gohier), nouvelle édition. *Paris, U. Canel, etc.*, 1825, 21 pp.

4. Abdolonyme ou le couronnement, pièce héroïque en un acte et en prose par... (Baron Ernest de Mantauffeld). *Paris, Hubert, etc.*, 1825, 30 pp.

5. Les oiseaux du sacre, par Mme Amable Tastu (1825). *Paris, Imp. de J. Tastu*. Titre entouré, encadré, fleuron et cul-de-lampe, 1 ff. et 10 pp.

6. Chant du sacre ou la veille des armes par A. de Lamartine. *Paris, Baudoin*, 1825.

7. Le sacre de Charles X. Ode par Victor Hugo. *Paris, Ladvocat, C. D.* (1824), 2 ff. n. et 15 pp. fleurons. (Edition originale.)

8. Le retour à la religion. Poème suivi du sacre de Charles X par M. Baour-Lormian... seconde édition. *Paris, P. Dottin, etc.*, 1825.

9. La Vision, par Mlle Delphine Gay. Trente mai 1825. *Paris, U. Canel*, fleuron et cul-de-lampe.

10. Tableau du sacre de Charles X, dans la cathédrale de Reims (29 mai 1825), par F. Gérard. *Paris*, 1829.

11. Le peuple au sacre. Critiques... faites devant le tableau de M. le baron Gérard... recueillies et publiées par A. Jal. *Paris, A.-J. Dénain*, 1829, 111 p. et 1 lith. de Gaugain.

254. Histoire du sacre de Charles X, dans ses rapports avec les beaux-arts et les libertés publiques de la France, par F.-M. Miel. *Paris*, 1825, in-8, fig., demi-mar. rou., tr. supér. dor., n. rogn.

255. Séjour à Lyon de S. A. R. Madame, duchesse de Berry, pendant les journées des 20, 21, 22 et 23 octobre 1829, suivi de la relation du passage, du retour et du séjour à Lyon de S. A. R. Madame, duchesse de Berry. *Lyon*, 1829, in-8, demi-rel.

256. Relation de la fête du roi, des grandes revues et des deux voyages de Sa Majesté dans l'intérieur du royaume en mars, juin et juillet 1831. *Paris*, 1831, in-8, demi-veau jaune.

257. Funérailles de l'empereur Napoléon. Relation officielle de la translation de ses restes mortels depuis l'île de Sainte-Hélène jusqu'à Paris, et description du convoi funèbre; illustrée par des gravures sur bois, dessins de Daubigny, publiée par F. Langlé. *Paris, L. Curmer*, 1840, gr. in-8, nombr. gravures, cuir de Russie, dent. à froid, gardes et tr. dorées.

On a relié avec le même ouvrage le Panthéon des Nations : Napoléon par J. Ottavi. *Paris*, 1840.

258. Passage des cendres de l'empereur Napoléon à Rouen.

Procès-verbal. *Rouen, Nicétas Périaux,* 1842, in-8, sur papier vert, br.

259. Trois royales entrées à Limoges, offert à Leurs Altesses royales monseigneur le duc et madame la duchesse de Nemours le 30 juillet 1845 par M. A. Leymarie, archiviste du département de la Haute-Vienne. *Limoges,* 1845, in-8, cart. moiré.

Tiré à petit nombre.

260. Voyage de S. M. Louis-Philippe Ier au château de Windsor, dédié à S. M. Victoria, reine d'Angleterre, par Ed. Pingret. *Paris, Pingret, Aubert* et *London,* 1846, gr. in-fol., pages encadrées de filets, 25 pl. lithogr. sur chine, cart. en toile.

261. Description des fêtes populaires données à Valenciennes les 11, 12, 13 mai 1851, par la société des Incas, par A. Dinaux. *Lille, E. Vanackere,* 1854, in-8, 24 fig., sur bois, mar. rouge, ornem. sur les plats, tr. dor.

262. Autre exemplaire, gr. in-8, demi-mar. bl. av. coins, tr. supér. dor., n. rogn. (*Smeers.*)

263. Réception de S. A. I. le prince président dans la ville de Tours, 15 octobre 1852, par Rouillé-Courbe, négociant, membre du conseil municipal de Tours. *Tours, Ladevèze,* 1853, gr. in-8, fig., demi-mar. vert.

264. Relation générale des cérémonies relatives au mariage de S. M. l'empereur Napoléon III avec S. E. mademoiselle Eugénie de Gusman, comtesse de Teba. *Paris, Imp. Imp.,* 1853, in-4, demi-chagr.

265. Voyage de Leurs Majestés l'empereur et l'impératrice dans les départements de l'Ouest (Normandie et Bretagne) texte officiel du Moniteur, gravures de l'Illustration (août 1858). *Paris, Didot,* 1858, gr. in-4, demi-chagr.

266. Voyage de Leurs Majestés en Bretagne (août 1858), service du grand écuyer. *Imp. Lemercier,* 1858, texte lithographié, cartes et plans gravés par Elvard, in-4, cartonn., tr. dor.

Cet ouvrage, tiré à petit nombre, n'a pas été mis dans le commerce.

267. Voyage de Leurs Majestés impériales dans le sud-est de la France, en Corse et en Algérie. 1860, dessins et grav. d'après les notes et croquis de A. Marc, gr. in-4, demi-chagr. v.

268. Relation des fêtes qui ont eu lieu à Nancy les 14, 15,

16 et 17 juillet 1866, à l'occasion de l'anniversaire séculaire de la réunion à la France de la Lorraine et du Barrois, et de la visite de Sa Majesté l'impératrice et du prince impérial. *Nancy, André*, 1866, in-8, demi-v. bl.

269. Voyage de Lorraine de S. M. l'impératrice et de S. A. I. le prince impérial, précédé du voyage de S. M. l'impératrice à Amiens (par F. Ribeyre). *Paris, Plon*, 1867, in-fol. obl., eaux-fortes de Meissonnier, gravures et vignette.

270. Voyage de LL. MM. l'empereur et l'impératrice dans le nord de la France (Arras, Lille, Dunkerque, Roubaix, Tourcoing, Amiens), par le baron de Sède. *Arras*, 1867, gr. in-8, demi-veau fauve.

271. Reims à travers les âges, souvenir historique de la grande cavalcade de bienfaisance du 5 juin 1881, avec un précis de l'histoire de Reims, par A. Mauroy, édition illustrée de 24 grav. en camaïeu, exécutées par A. Savoye. *Reims*, 1881, gr. in-8, fig., br.

272. L'Alsace en fête, ou histoire et description des fêtes, cérémonies, solennités, réjouissances, réunions, associations et sociétés religieuses, civiles, militaires, publiques et privées de l'Alsace, par Le Roy de Sainte-Croix. *Paris*, 1880, gr. in-8, br. Tome premier seul paru.

273. Fêtes de Cambrai (programmes) depuis 1813 jusqu'à 1829 inclus. Recueil des programmes, poésies, etc., publiées dans divers formats sur l'organisation des fêtes de Cambrai. En 1 vol. in-4, demi-mar. vert av. coins, tr. supér. dor., n. rogn.

274. Nice. Sur les fêtes du carnaval de Nice.

> 1. Albums de gravures, format oblong, du carnaval de 1879 (6 albums différents), 1 journal illustré à l'occasion du carnaval de 1879.
> 2. 4 albums différents de gravures du carnaval de 1882.

275. Les Fêtes nationales à Paris, par Ed. Drumont. *Paris, L. Baschet*, 1879, in-fol., nombr. grav. (héliogravures), cart. en toile.

Lorraine.

276. LE TRÈS EXCELLENT ENTERREMENT DU TRÈS HAULT ET TRÈS ILLUSTRE PRINCE CLAUDE DE LORRAINE, duc de Guise, d'Aumale, pair de France, etc. auquel sont déclarées toutes les cérémonies.... Faict par Edmond du Boullay, roy d'armes de Lorraine. *Paris, Gilles Corrozet*, 1550, 112 ff. avec blasons

non chiffrés. — L'Oraison funèbre, déclaration des gestes, mœurs, vies et trépas... de Claude de Lorraine, duc de Guise, par maistre Claude Guillauld. *Paris, Jehan Dallier,* 1550, 44 ff. — Le Catholique enterrement de feu M. Le Rev. et Illust. cardinal de Lorraine... qui trépassa à Nogent-sur-Yonne, le 18 mai 1550, 16 ff. non chiffrés. Ces trois pièces en 1 vol. in-8, veau gr.

> Collection conforme à la description du Manuel de Brunet.
>
> Exemplaire grand de marges ayant appartenu à E. Baluze, dont la signature est sur le titre.
>
> Très rare surtout avec les trois pièces réunies.

277. DISCOURS DES CÉRÉMONIES, HONNEURS ET POMPE FUNÈBRE, faits à l'enterrement du Très Hault, Très Puissant et Serenissime PRINCE CHARLES III du nom, duc de Calabre, Lorraine, Bar, Gueldres, Marchis, etc., par Claude de la Ruelle. *À Cler-Lieu lez Nancy, par Jean Savine,* 1609, in-8, mar. bleu, compart., dos orné, tr. dor. (*Chambolle-Duru.*)

> Les plats et le dos de la reliure sont semés de C entrelacés et de croix de Lorraine.
>
> Très bel exemplaire d'un livre de la plus grande rareté, surtout en cet état.

278. Autre exemplaire, même édition, mar. bl., dent. intér., tr. dor.

> Ancienne reliure. Titre réemmargé, taches d'huile.

279. CÉRÉMONIES DES OBSÈQUES DE CHARLES III, DUC DE LORRAINE ET DE BAR, SUIVIES DE L'ENTRÉE DE HENRI II, DUC DE LORRAINE, A NANCY, DANS LES ANNÉES 1608-10-11. Dix grandes tables, contenantes les pourtraicts des cérémonies, honneurs et pompes funèbres, faitz au corps de feu sereniss. prince Charles III.... duc de Lorraine, etc.... à ses obsèques et funérailles.... depuis le 14 mai 1608 qu'il décéda, jusques au 19 juillet suivant... ce qui est outre la pompe funèbre du convoy fait aussi lors.... et figuré en 48 tables, dont Claude de la Ruelle... est inventeur... Plus est adjousté à chacune des dites dix grandes tables une description en deux langues latine et françoise.... *Nancei,* Claude de la Ruelle inventor, Frider, Brentel fecit, Hennan de Loye excudit, *s. d.* (vers 1611), gr. in-fol. velin estampé.

> RECUEIL PRÉCIEUX ET TRÈS RARE de 80 planches in-fol. obl. réunies et collées sur 40 ff. grand in-fol. et suivies du texte, aussi collé sur des ff. séparés. Le texte porte ces mots au bas de quelques pages : Imprimé à Nancy, par Blaise André.
>
> Exemplaire très complet, comme celui de la première vente de 1873, comprenant : 10 grandes tables, etc., (divisées en 15 planches, y compris le frontispice gravé par Mérian et en double la 8e des dix grandes tables. — 48 bandes longues de pl. collées sur 17 feuillets (la bande 38 qui manquait à l'exempl. et que M. Ruggiéri a mis plus de 5 ans à trouver n'est pas collée).

— L'ordre tenu au marcher parmy la ville de Nancy... à l'entrée en icelle... de Henri III... duc de Lorraine... le 20 apvril 1610... (12 pl. gravées par Math. Mérian, collées sur 6 ff.). — Comme Son Altesse de Lorraine, le duc Henri II, va à l'église (4 pl. longues sur 2 ff.). — La ville de Nancy... pourtraicte au vif, comme elle est en cette année 1611, planche gr. in-fol. (*Quelques taches et déchirures.*)

Cet exempl. a appartenu à la Société de Jésus d'Ingolstadt en 1616.

280. Description de toutes les fêtes, arcs de triomphe, chronogrammes, vers et inscriptions qui ont paru à l'occasion du Jubilé de 25 ans de gouvernement de S. A. R. Charles-Alexandre, duc de Lorraine et de Bar, etc., etc... célébré en la ville de Bruxelles le 26 du mois du mars 1769 et jours suivants. *Bruxelles, H. Vleminckx,* 1769, in-4 de 26 pp. demi-veau fauve.

III. — CÉRÉMONIAL DES PAYS ÉTRANGERS

1. Italie.

282. Le Nozze di Costanzo Sforza con Camilla di Aragona celebrate in Pesaro nel 1475, narrazione di Antonino Contemporaneo. *Venezia,* 1836, in-8, pap. vél., demi-mar. vert, tr. supér., dor., n. rogn.

283. Aurelii, episcopi Martoranensis, oratio in funere Laurentii Medice, Neapoli habita. *S. l. n. d.* (1492), in-4, car. ronds, 8 ff. n. chiffr., demi-mar. v.

Oraison funèbre de Laurent de Médicis, dit le Magnifique et le Père des lettres.

284. Antonii Thylesii Consentini oratio es quam habuit in funere illustriss. Joannis Jacobi Trivultii. *Impressum Mediolani,* 1519, in-4 de 8 p., non chiffr., car. ronds, demi-mar. noir.

C'est l'Oraison funèbre de l'illustre maréchal I. I. Trivulzio, Milanais, qui passa presque toute sa vie au service de la France, à laquelle il rendit d'éminents services. Il mourut à Chartres en 1518.

285. Triomphi degli mirandi spettaculi et riche vivande de solenne convinio fatto da sacri Romani al magnifico Juliano et invicto. Lorentio de Medici con il resto creato il sommo pontifico Leone Decimo. — Composti per Nocturno Neapolitano. (In fine :) *In Bologna appresso maestro Hier. di Beneditti.*

1519. Pet. in-8, de 27 ff. non chiffrés et 1 f. bl., sign. AA. GG-m. vert, riche rel. à petits fers. (*Masson-Debonnelle.*)

Volume des plus curieux, qui donne une idée de la magnificence que Léon X déployait dans ses fêtes et ses festins, magnificence que les poètes, les historiens et les artistes, qu'il enrichissait de ses bienfaits, s'empressaient de célébrer à l'envi.

286. Apparato et feste nelle noze dello illustriss. Signor Duca di Firenze, e della Duchessa sua consorte, con le sue Stanze, Madriali, Comedia, et Intermedii, in quelle recitati (1539). (In fine): *Impresso in Fiorenza*, per Benedetto Giunta nell'anno, 1539, in-8, m. vert, fil., dos orné, tr. dor. (*Andrieux.*)

Bel exemplaire d'un livre très rare et curieux, dont l'auteur est P. Fr. Giambullari.

Relation sous forme de lettre, des noces de Cosme de Médicis, dit le Grand, premier grand-duc de Toscane, avec Eléonore de Tolède.

287. La Solenne et triomphante entrata Dalla Illustrissima S. Duchessa di Firenze, dapoi la partita sua di Napoli, in Livorno, Pisa, Empoli, Poggio, et Firenze, con li superbi apparati et Archi Triomphalicon tutte le Historie, pitture et motti chein esti e rano, con lordine delle suntuose et splendide Noze, et Connuiti et altre Allegrezze et feste fatte in la citta di Firenze in la entrata di sua Eccellentia. In-4, *s. l. n. d.* (1539) de 4 f. non chiff., titre encadré d'une bord. sur bois, mar. v., fil., chiffre. (*Masson-Debonnelle.*)

288. Recueil de trente-neuf pièces, en italien, relatives à la maison de Médicis (1547-1691). 2 vol. in-8, cuir de Russie.

Ce recueil contient plusieurs pièces rares et curieuses, entre autres les suivantes : Diaro de' successi più importanti seguiti in Italia, et particolamente in Fiorenza, dall' anno 1498 in fino all' anno 1512, raccolto di Biagio Buonaccorsi... con la vita di Lorenzo de Medici a Vecchio, scritta da Nicolo Valori. *In Fiorenza, appresso i Giunti*, 1568. — Il bellissimo ordine tenuto nella... entrata nella città di Roma, dal... granduca di Toscana (Cosimo I Medici), il di 28 di Febraro (1570), con la soleune incoronazione fatta alli 5 di marzo... *In Viterbo, s. d.* — Ovatio habita Bononiæ coram Leone X, ipso Rege christ. presente, a clor, viro Antonio Prato Galliæ Cancellario, 1516. In-4, 4 ff. — Descrizione del apparato e degli intermedi fatti per la commedia rapprezentata in Firenze nelle nozze de' ser. D. Ferdinando Medici et madama Cristina di Lorena. *Firenze*, 1589. — Venuta della ser. Cristina di Lorena, da Nicola de' Cardi, 1589 (en vers). *Firenze*, 1590.

289. La Solenne Entrata dell. Illust Duca di Firenze, fatta in Soma alli VI, del presente me se di novembre 1560. *Bologna, Ant. Giaccovello*, 1560, in-4, de 4 ff. non chiff.

Pièce rare et intéressante.

290. Orazione funerale di M. Benedetto Varchi, Fatta, e recitata da Lui pubblic amente nell'essequie a Michelagnolo Buonarroti in Firenze, nella chiesa di San Lorenzo. *In Firenze,*

— 45 —

Appresso i giunti, 1564, in-4, 64 pp. — Il Funerale d'Agostino Caraccio, fatto in Bologna, scritto al ill. sign. Farnese. *In Bologna*, 1603, in-4, titre gravé, fig. dans le texte, mar. rou. anc., tr. dor.

Ces deux ouvrages sont rares et recherchés, le dernier surtout à cause des figures.

291. Discorso sopro la Mascherata della geneologia degl'Iddei de Gentili, Mandata fuori dall'Illust. et excell. S. duca di Firenze et Siena, il giorno 21 di Febbraio 1565. *In Firenze Giunti*, 1565, in-4, vélin.

292. Descrizione dell'apparato della comedia et intermedii d'essa; recitata in Firenze il giorno di S. Stefano. 1565... nelle reali Nozze dell. Illustr.... D. Franc. Medici, principe di Fiorenza et di Siena et della regina Giov. d'Austrica.... *Fiorenza, Giunti*, 1566, pet. in-8, de 32 pp., cart. vélin.

293. Ordini fatti sopra il vestire, banchettare, et funerali quali shanno da seruare nella Magnifica Città di Cremona, èt suo distritto. *Cremona*, 1572, pet. in-4 de 5 feuillets, demi-mar. vert, av. coins.

294. L'Ordre tenu aux obsèques et funérailles du sereniss. grand duc de Toscane, faites le 17 may 1574 en la ville de Florence. *Lyon, Benoist Rigaud*, 1574, in-8, de 8 ff. mar. violet, fil., dos orné, tr. dor., chiffre de Ruggieri. (*Chambolle Duru.*)

Pièce très rare. Au verso du dernier feuillet, dont le recto est blanc, se trouve une figure gravée sur bois, représentant la mort foulant à ses pieds un sceptre et une couronne.

C'est la relation en français de la pompe funèbre de Cosme Ier, dit le Grand, premier grand-duc de Toscane.

295. FESTE NELLE NOZZE DEL SERENISS. DON FRANCESCO MEDICI GRAN DUCA DI TOSCANA, ET DELLA SERENISS. CONSORTE LA SIGN. BIANCA CAPELLO comporte da M. Raffaello Gualterotti, con particolar descrizione della Sbarra, et apparato di essa nel palazzo de' Pitti... *Firenze, Giunti*, 1579, in-4, de 58 et 24 pp., non compris une page de table à la fin et la marque des Giunti au verso du dernier feuillet, planches grav. à l'eau forte, mar. bleu, dent. à froid., dent. intérieure, tranches dorées. (*Lortic.*)

Relation des noces de François de Médicis, fils et successeur de Cosme Ier avec la fameuse Bianca Capello.

Précieux et bel exemplaire de ce vol. fort rare, contenant la double suite des planches. Eau-forte et en couleur, grav. par Accursio Baldi et Séb. Marsili, d'après les dessins de Gualterotti.

296. DISCOURS DE LA MAGNIFIQUE RÉCEPTION ET TRIOMPHANTE ENTRÉE DE LA GRANDE DUCHESSE DE TOSCANE EN LA VILLE DE FLO-RENCE, avec les cérémonies de son couronnement et espousailles, les théâtres, arcs triomphaux, statues, inscriptions,
devises, tournois, musiques, etc. *Lyon, Benoist Rigaud,*
1589, pet. in-8, de 15 ff., mar. citron, à compart. dorés,
genre Maïoli, tr. dor.

Très bel exemplaire d'un livre extrêmement rare. C'est la relation eu
français des fêtes magnifiques données à Florence pour le mariage de
Ferdinand Ier de Médicis avec Christine de Lorraine.

297. Discours véritable du mariage de la fille du duc de Lo-
raine avec le duc de Florence, avec les cérémonies de son
coronnement et espousailles, les théâtres, etc. *A Paris, Jouxte
la coppie Imprimée à Lyon. Et ce vendent chez Denis Binet,*
pet. in-8, de 32 pp.

298. Il Sontuoso apparato, fatto dalla magnifica cita di Brescia
nel felice ritorno dell'illus. etc. Rever... il cardinale Marosini,
(par Alfonso Caurivole). *Brescia, Vicenzo Sablio,* 1591,
in-fol. vél., front. et 13 pl. grav. (*Très bel exemplaire.*)

299. La Pompa funerale fatta dall' Ill. et Rev. S. Cardinale
Montalto nella traportatione dell'ossa di papa Sisto il Quinto
Scritta et dichiarata da Baldo Catani. *In Roma, nella Stamperia Vaticana,* 1591, pet. in-4, fig., mar. violet, larges dent.
gauffr., tr. dor., chiffre de M. Ruggieri. (*Masson-Debonnelle.*)

Ce volume a été imprimé sous la direction d'Alde le jeune.

Les 14 planches gravées par Fr. Villamena sont fort remarquables d'exécution.

Exemplaire à toutes marges.

300. Descrittione de gli apparati fatti in Bologna per la Venuta
di N. S. Papa Clémente VIII... da Victorio Benacci (*Bologna*), *Vittorio Benacci,* 1599, in-4, 9 planches gravées,
broché.

Exemplaire non rogné d'une pièce très rare. Les eaux-fortes, touchées
avec beaucoup de verve, représentent des arcs de triomphe. La composition du frontispice est attribuée au Guide.

301. Oratione del molto rev. monsignor Ottavio Ermanno,
maestro di Theologia Preposito di S. Lorenzo Nell' Officio
Trentesimo, del Sig. Alessandro Luzzago, fatto nella Chiesa
adi s. Giugno MDCII. *Brescia,* 1602, in-4 de 8 ff., non chiff.,
br. r.

302. Descrizione delle Feste fatte nelle reali nozze de seren.
principe di Toscana D. Cosimo de Medici, e Maria Madda=

lena arciduchessa d'Austria. *Firenze, J. Giunti,* 1608, in-4, 6 grav. de Greuter, vél.

On a ajouté les pièces suivantes : Ballo et giostra de Venti. (2 exempl.) — L'Enea squadra comandata del sig. Capitano e catal. il sign. Alfonso Brunozzi... composizione del sig. Francesco Bracciolini. *Firenze, Sermatelli,* 1608. — Luogo delle seren. alt. e delli ill. cardinali.

303. Il Giudizio di Paride Favola della S. Michelagnolo Buonarroti, representata nelle felic. nozze del Ser. Cosimo Médici, principe di Toscana... *Firenze, Sennatelli,* 1608, in-4, veau, dos orné, 3 planches grav. de Greuter.

Dans ce volume se trouvent les pièces suivantes : Ballo E. Giostra de Venti, 16 pp., n. chiff. — Luogo delle ser. altezze... cardinali, 6 pp., id. — L'Argonautica, del San Francesco Cini... 22 pp., id., vignette. — Rime di Agnolo delle Favilla... 25 pp., id. — Notte d'Amore del S. Francesco Cini... 30 pp., id. — Il nuovo secol d'Oro di Lorenzo Colli... 25 pp. id. — 11 placards in-fol., publiés pour la même cérémonie.

304. Descrizione delle feste fatte nelle reali nozze de serenissimi principi di Toscana E. Cosimo de Medici e Maria Maddalena arciduchessa d'Austria. *In Firenze, J. Giunti,* 1608, in-4, 3 grav. de Greuter, vélin.

Exempl. de la vente Beckford, dans le même volume une suite de pièces et de brochures se rapportant à la même fête, savoir :

7 placards encadrés d'une bordure. — Cansone del cavaliere Vincenzio Panciatichi per l'Argonautica reppresentata in anno... *Firenze, Cr. Marescotti,* 1608. — Il Giudizio di Paride favola del S. Michelagnolo Buonarroti... *Firenze, Sermartelli,* 1608, in-4, de 64 pp. plus 2 ff. non chiffrés (pièce en 5 actes et un prologue). — De le Glorie d'Europa... da Raffaello Gualterotti. *Fiorenza, Fr. Tosi,* 1608, 35 pp. in-4, pl., 8 pp. non chiffrées (1re partie dédiée au prince); la 2e partie est dédiée à l'archiduchesse; elle contient 58 pp. plus 2 pp. non chiffrés. — Canzone di Carlo Bocchineri, etc., 8 pp. — Cansone di don Severo Bonini, etc., 6 pp. non chiffrées. — Egloga pastorale di Romano Romani, etc., 14 pp. non chiffrées. — Rime di Agnolo del Favilla, etc., 25 pp. non chiffrées. — Rime nelle nozze, etc., 3 ff. non chiffrés. — Dialogo di D. Crisostomo Talenti, etc., 10 pp. non chiffrées. — Il nuovo secol d'oro di Lorenzo Colli, etc., 25 pp. non chiffrées. — Per le felicissime nozze... del Sig. D. Virginio Moscardi, 5 pp. non chiffrées. — Oratio in adventu, etc, 10 pp. non chiffrées. — Danielis eremitæbel gæ panegyricus, etc., 40 pp. non chiffrées. — Europa gaudium de felicissimis nuptiis... auctore Christophoto Palmerio... 41 pp. non chiffrées et encadrées, 3 pp. non chiffrées sans encadrement, in-4. *Bononiæ, Bapt. Belloy,* 1608. les armes des princes gravées sur le titre. — Joannis Baptistae Pinelli Genuensis, etc., 12 pp. non chiffrées. — Nuptias sereniss. principum Cosmi medices, etc., 9 pp. non chiffrées. — Prosperi Satii ad feliciss, etc., 6 pp. non chiffrées.

305. Compendio delle sontuose feste fatte l'anno MDC. VIII nella citta' di Mantoua per le realli nozze del ser. Principe Francesco Gonzaga, con la serenissimo infante Margherita di Savoia per Federico Follino. In *Montova,* 1608, in-4, cart.

306. Epithalamium sereniss. Mantuæ Ducis et Catharinæ Medices ad ser. Ferdinandum Gonzagam Mantuæ Ducem.

Auctore Julio Cæsare. Bulengero. *Pisis, Joan. Fontanum,*
1617, in-4, de 4 ff. n. chiff., br., non rogné.

307. De seremissimæ Medicæorum familiæ insignibus et ar-
gumentis Julii Caesaris bulengeri... ad sereniss. Cosmum II
Medicis magnum hetrus, Ducem. *Pisis, Joan. Fontanum,*
1617, in-4 de 6 ff. n. chiff., belles marges, non rogné, br.

308. Il Tornèo di *Bonaventura Pistofilo. Bologna, Ferroue,*
1627, in-4, vél.

> Livre rare, orné d'un beau frontispice, d'un portrait de l'auteur et de
> 117 fig., quelques-unes coloriées. Très curieux pour les costumes et l'étude
> des armes. Mouillures et déchirures.

309. Descrizion delle Feste fatte in Firenze par la canonizza-
zione di Sancto Andrea Corsini (da Bened. Buommattei).
Fiorenza, Zanobi Pignoni, 1632, in-4, front. et 20 fig. demi-
mar. lav. av. coins.

> Bel exemplaire non rogné de ce livre rare et curieux, dont on a attribué
> les figures à Jacques Callot et à Steph. Della Bella.

310. Esequie del sereniss. Principe Francesco celebrate in
Fiorenza dal seren. Ferdinando II gran duca di Toscana suo
Fratello. nell'insigne collegiata di S. Lorenzo. Il di 30 à
Agosto 1634, descrite da Andrea Cavalcanti. In *Fiorenza,*
per *Gio. Batista Landini,* 1634, in-4, de 52 pp. de texte et
10 gr. d'*Etienne de la Bella,* mar. vert, dos orné, fil. sur les
plats, tr. dor., chiffre R. (*Dupré.*)

> Dans le même volume : In morte del sereniss. principe Francesco di
> Toscana orazione. di Ferdinando Bardi. *In Firenze,* Zanobi Pignoni, 1534,
> in-4, de 10 ff., n. ch.

311. L'Ermonia del S. Marchese Pio Enea Obbizzi, per intro-
duzione d'un torneo a piedi e a cavallo d'un balletto rappre-
sentatos in musica nella Citta di Padoua l'anno 1630, descritta
dal S. N. Enea Bartolini... *Padoua,* 1638, in-4, 112 pp. de
texte et 4 pp. non chiffrées, encadr., frontispice, 15 belles
planches gravées par Melchior Kusell, vél.

312. Esequie della maesta Cesarea dell' imperadore Ferdinando II, celebrate dall' Altezza Sereniss. di Ferdinando II,
gran duca di Toscana... In *Firenze, Massi e Landi,* 1637,
in-4, mar. vert, fil., dent. intér., tr. dor. Chiffre de Rug.
(*Dupré.*)

> Bel exemplaire garni de marges, beau portrait de Ferdinand II et 3
> grandes planches grav. par Della Bella.

313. Descrizione delle feste fatte in Firenze, per le reali nozze
de' sereniss· sposi Ferdinando II, gran duca di Toscana, e

vittoria principessa d'Urbino. *Fiorenza*, 1627, in-4, cart.

314. Applausi festivi fatti in Roma per l'Elezzione di Ferdinando III, al regno de' Romani. *In Roma,* 1637, in-4, vél. 10 grandes planches grav.

315. Funerale dell' Illustrissimo D. Gio Battista Boncompagni celebrato in Bologna MDCXXXIX. *Bologna, per Gia Monti,* 1639, in-4, de 56 p., 1 gr. planche grav., cart.

316. Feste et allegrezze fatte nella Piaza di Navona dall'illustriss. don Rodigo de Mendoza, etc. *In Roma, per Fr. Moneta,* 1650, in-4 de 4 feuillets.

317. Combattimento et Baletto a Cavallo rappresentato di Notte in Fiorenza à seren. Archiduchi et arciduchessa d'Austria. *Fiorenza,* 1652, in-4 de 12 feuillets non chiffrés, 3 grandes planches grav., par S. della Bella, dem.-mar. vert.

318. Littera scrita a Filippo Doderrarrano sopra l'arrivo in Firenze della principessa Margherita Luisa d'Orléans sposa del P. Cosimo di Toscana (1661). (Lettre manuscrite de 12 ff. in-fol. d'un certain Jean M. del Chiavo, de Livourne à un de ses amis de la même ville nommé Filippo Doderrerrano, sur les fêtes qui eurent lieu à l'occasion de l'arrivée de la princesse Marguerite Louise d'Orléans à Florence pour épouser Cosme de Toscane.)

Cette lettre est très curieuse parce qu'elle date du 23 juin 1661 qu'elle porte encore la suscription d'envoi, et que de plus elle raconte d'une manière très détaillée les belles fêtes qui eurent lieu à cette occasion.

On y a joint une traduction en français.

319. Esequie del serenissimo Ferdinando II, gran duca di Toscana, celebrate in Firenze dal serenissimo gran duca Cosimo III. Descritte da Manfredi Macigni. *In Firenze, nella Stamperia di S. A. S. per il Vangelisti e Matini,* 1671, in-4, 2 grandes planches, 2 gravures par Falda, demi-mar. brun.

320. Il guiditio di paride mascherata fatta in todi la sera delli XIV di febraro MDCLXXIII descritta da Gio. Francesco Degli Oddi academico stabile e dedicata all' ill. et ecc. sign. D. Federico Angelo. *In Todi, per Vincenzo Galassi,* 1673, in-4 de 8 ff. non chiff., 4 gravures sur bois, br.

321. Roma giubilante nell' anno santo MDCLXXV per le Pasquali Festi rappresentate in Piazza Navona, etc. *In Roma, Angelo Bernabo,* 1675, in-4, de 6 feuillets.

322. Descrizione delle feste et apparato fatto in Firenze per la solenne Traslazione del corpo di Saint-Andrea Corsini... *Roma, Paolo Moneta*, 1685, in-4, demi-rel., n. rogn.

323. Ragguaglio della solenne comparsa fatta in Roma 8 de Gennaio 1687, del... conte di Castelmaine, ambasciadore della sacra Maesta di Giacomo secondo re d'Inghiltare, Scozia, Francia, etc. *Roma*, 1687, in-fol., front. et fig., vél.

    Ce livre est orné de 15 jolies planches non compris le frontispice, le tout gravé par Arnoldo Van Westerhout, d'après les dessins de Gio. Batt. Lenardi.

    Edition originale. Très bel exemplaire.

324. Ragguaglio delle nozze delle Maesta di Filippo Quinto e di Elisabetta Farnese, nata principessa di Parma, re Cattolici delle Spagne solennemente celebrate in Parma l'anno 1714. *In Parma, nella stamperia di S. A. S.*, 1717, in-fol. frontisp. et 5 grandes pl. gravées, dont une très grande représentant le cortège se rendant à l'église, vél.

325. Acta canonizationis sanctorum Pii V, Pont. Max., Andreæ Avellini, Felicis a Cantalicio et Catharinæ de Bononia, habitæ a sanctissimo domino nostro Clemente XI, pontifice maximo, collecta per Justinianum Chiapponi... *Romæ*, 1720, in-fol., front., fig. et 2 grandes planches gravées par Fréd. Mastrozzi, d'après Anton. Valerio, demi-rel., v.

326. Descrizione delle feste celebrate dalla fedelissima citta di Napoli per lo glorioso ritorno della impresa di Sicilia della Sacra Maesta di Carlo di Borbone, re di Napoli, Sicilia, Gerusalemme, etc. *Napoli, Felice Mosca*, 1735, in-fol., 2 grandes planches grav., br.

    Exemplaire grand de marges et belle conservation.

327. Descrizione delle feste celebrate dalla fedelissima citta di Napoli per lo glorioso ritorno dalla impresa di Sicilia della sacra maesta di Carlo di Borbone, re di Napoli, Sicilia, Gerusalemme, etc. *Napoli, Fel. Mosca*, 1735, in-fol., 1 grande planche pliée de Barthomeus de Grado, fleuron au titre, en-tête et lettre ornée, veau.

328. Relation de ce qui s'est passé de plus remarquable durant le voyage de Leurs Majestés de Sardaigne, depuis leur arrivée à Suse jusques à leur entrée à Turin, avec une exacte description des illuminations, feux d'artifice et autres réjouissances faites à leur occasion. *Turin, Reycends, Guibert et Cie*, in-4, 4 ff., demi-mar. rou.

    Cette relation est celle des fêtes du mariage de Charles-Emmanuel III, roi de Sardaigne, et d'Elisabeth-Thérèse, princesse de Lorraine, fille de Léopold I⁰ʳ. *Très rare.*

Il a paru sur cette fête magnifique une relation, in-fol., à texte français et texte italien, chez Batt. Chais à Torino, 1737, avec 14 belles planches et un frontisp. représentant tous les détails des illuminations et des feux d'artifice.

329. Esequie dell'altezza reale del Ser. G. Gastone, gran duca di Toscana fatte celebrare in Firenze nella chiesa di San Lorenzo dall' altezza reale del ser. Francesco III, duca di Lorena, et di Bar, etc., gran duca di Toscana, descritte da Bindo Simone Peruzzi. *In Firenze*, 1737, in-4, grande planche dessinée par F. Ruggieri. — Delle lodi dell' altezza reale del seren. Gio Gastone VII, gran duca di Toscana, orazione funerale dell'abate Giuseppe Buondelmonti... celebrate in Firenze il di 9 ottobre 1737. *In Firenze*, 1737, Ensemble 1 vol. in-4, demi-mar. brun.

. C'est la pompe funèbre du dernier grand duc de Toscane de la maison de Médicis.

330. Narrazione delle solenni reali feste fatte celebrare in Napoli da Sua Maesta il re delle due Sicilie Carlo, infante di Spagna duca di Parma, Piacenza, etc., per la nascita del suo primogenito Filippo real principe. *Napoli*, 1748, gr. in-fol., front. et planches grav., veau orné.

Volume orné d'un frontispice et de 15 grandes planches gravées, par Giusi. Vasi et autres, d'après Vinc. Re.

Bonnes épreuves de ces grandes et curieuses planches.

331. Descrizione delle Feste celebrate in Parma l'anno 1769, per le Nozze di sua altezza reale l'infante don Ferdinando colla reale arciduchessa Maria Amalia. *In Parma, nella Stamperia reale*, s. d. (1769), gr. in-fol., front., 36 pl. grav. dont 10 de blasons, fleuron, vignettes et culs-de-lampe, dessinés par E. A. Petitot, gravées par Volpato, Baratti, Muzzi, Ravenet, Bossi, etc., cart. (*Mouillures.*)

332. Notizie intorno alla novena vigilia notte e festa di natale con una biblioteca d'autori che trattano delle questioni spettanti alla nascita del redentore. *Roma*, 1788, in-12, demi-mar. v.

333. Funerali di Sua Maesta Ferdinando I re del regno delle Due Sicilie, in-fol., 8 pl. lithogr. br.

334. Elogio funebre dell' abate D. Serafino Gatti. — Notizia del funerale con le iscrizioni. *Napoli, della Reale Stamperia*, 1825, in-4, br.

335. Descrizione e disegni della Mascherata che intervenue

al real Teatro di S. Carlo, il carnevale dell'anno 1827. *Napoli, dalla Stamperia reale*, 1827, in-fol., 37 planches coloriées, costumes, veau br., tr. dor., fortes taches.

336. Pompe funebri, celebrate nell' imp. e real basilica di san Lorenzo dal secolo XIII a tutto il regno Mediceo. *Firenze*, 1827, in-8, demi-mar. violet, av. coins., n. rogn.

337. Solenni Esequie di Luigi de' Medici, duca di Miranda. *Napoli*, 1830, in-fol., mar. bl., larges dent.

Ex. de la bibliothèque de la reine (Marie-Amélie). *Palais-Royal*. Cachet sur le titre.

338. Dell' auvenimento di S. M. I. R. A. Ferdinando I d'Austria in Venezia, e delle Civiche solennita d'allora; narrazione di Fabio Mutinelli. *Venezia*, 1838, in-4, oblong, nombr. gravures lith., cart.

339. Giostra Corsa in Torino, addi XXI di Febbraio MDCCCXXXIX, nel passaggio di sua altezza imperiale e reale, Alessandro, gran duca principe imperiale ereditario di Russia. *Torino, typ. Chirio e Mina*, 1839, in-fol., texte encadr. d'ornements imprimés en bleu, 7 grandes planches lithogr., cart., n. rogn.

340. Le Feste torinesi, dell' aprile MDCCCXLII, descritte dal cavaliere Luigi Cibrario. *Torino, Fontana*, 1842, gr. in-8, fig., demi-rel.

341. Al Chiarissimo signor Ruggeri, artificiere di S. M. l'Imperatore dei Francesi, questa collezione di apparechi, architettonici usali dagli offerentia decorazione di fuochi artificiali nelle grandi solennita romane, luigi e fratelli Papi, pirotecnica municipali di Roma, offrono e presentano. In-fol. obl. de 17 grav. de décorations d'artifice, tirées de 1858 à 1867, puis en feuilles détachées, 7 gr. de décorations tirées de 1872 à 1880.

Cet exempl. de feux d'artifice a été offert par M. Fr. Papi, le célèbre artificier romain, à M. Ruggieri.

342. Fuochi diversi fatti in Roma, cive Macchine fatte dalla Casa Colonna in occasione di presentare la Chinea : La Girandola Castel Saint-Angiolo : Illuminazione della Cappella Paolina, ed altre cose simili di Roma. Gr. in-fol., d'environ 120 pl. grav., par G. Vasi, G. Batta, P. Aquilo, G. Massi, G. Pozzi, etc., cart.

2. Charles-Quint.

343. Von der Chür unnd Wall des grossmæchtigisténn kœnnigs Karolum wie er' yetz zu Francfurt... (Election de Charles-Quint à Francfort, comme empereur des Romains.) *S. l. n. d.* (1519), in-4, goth. de 12 ff., demi-vél.

344. Sur l'entrée de l'empereur Charles-Quint, à Bologne, en 1529, et aperçu historique des ouvrages imprimés en Belgique, concernant le règne de cet empereur, par P. J. Goetghebuer. *Gand, Hebbelynch,* 1864, in-8, fig., d.-veau lavall.

345. Della venuta e dimora in Bologna del sommo pontifice Clemente VII par la coronazione di Carlo V imperator, celebrata l'anno MDXXX cronaco con note documenti ed incisioni publicata da Gaetano Giordani. *Bologna,* 1842, pet. in-4, 12 pl. gravées, demi-bas. verte.

346. The Procession of Pope Clément VII and the emperor Charles V, after the Coronation at Bologna on the 24th. february MDXXX, designed and engraved by Nicolas Hogenberg and now reproduced in fac-simile with an Historical introduction by sir William Stirling Maxwell, baronet. *Edinburgh, Edmonston and Douglas,* 1875, gr. in-fol., nombr. grav., carton., n. rogn.

347. REPRÉSENTATION DE LA CAVALCADE ET DES RÉJOUISSANCES QUI EURENT LIEU A BOLOGNE LE 24 MARS 1530, A L'OCCASION DU COURONNEMENT DE CHARLES V COMME EMPEREUR DES ROMAINS, PAR LE PAPE CLÉMENT VII (1530), PAR J. N. HOGENBERG. (*Anvers, s. d.*) in-fol. imprimé sur vélin, cuir de Russie, tr. dor., 40 pl. gravées à l'eau forte et coloriées.

Le seul exempl. connu de cet ouvrage, qui se compose de 38 pl. et de 2 tableaux, contenant l'un une dédicace en vers latins, à l'empereur Charles-Quint, l'autre une exposition également en vers de la cavalcade, le tout gravé par Nicolas Hogenberg.

Les planches portent en guise de numéros les lettres de l'alphabet jusqu'à EE, sauf les onze dernières. Sur l'une des planches se lit le nom du graveur : Nicolaus Hogenbergus, monachensis, F.

Cette suite de planches, qui pourrait former un immense tableau, est gravée à l'eau forte, ce qui ne permet pas de la confondre avec l'Entrée à Bologne, en 1529, gravée sur bois et ne contenant que 13 planches.

On peut affirmer, avec Ruggieri, que cette œuvre est une des plus remarquables au point de vue de l'art de la gravure au xvıᵉ siècle, des plus intéressantes comme solennités publiques et des plus instructives pour l'exactitude des détails et la ressemblance des personnages; pour n'en citer qu'un exemple curieux, Hogenberg a représenté le grand Antoine de Leva, le vainqueur de la bataille de Landriano (21 juin 1525), tel qu'il était à ce combat, porté par quatre hommes sur la chaise dont la goutte l'avait obligé à se faire depuis plusieurs années son cheval de bataille.

Cette œuvre splendide obtint un tel succès qu'elle fut plusieurs fois reproduite. Les avis des iconographes sont très partagés sur ces reproductions. Ainsi, le rédacteur du catalogue Paelinck dit que les mêmes cuivres ont servi pour toutes les éditions successives, tandis que Ruggieri (cat. 1873, n° 890), prétend le contraire.

Ruggieri prétend qu'on a fait 3 reproductions : la première, vers la fin du XVIᵉ siècle, a été faite par un artiste hollandais ou belge, peut-être Schrenck, qui a chargé l'œuvre d'Hogenberg de tableaux descriptifs encadrés de cartouches dans le style de ceux que faisait graver Plantin, vers 1565 ; ce qui pourrait faire supposer que cette reproduction a été faite à ses frais.

De cette première reproduction le catalogue Paelinck fait ses deuxième, troisième et quatrième éditions, suivant que le tirage des écussons qui contiennent les noms des seigneurs du cortège, a été fait en latin (premier tirage), en flamand (deuxième tirage) et en français (troisième).

La seconde reproduction, dit Ruggieri, très inférieure à la première, et dont il est facile de se procurer des exemplaires, est celle de H. Hondius, marchand d'estampes et graveur à La Haye, au commencement du XVIIᵉ siècle.

D'après le cat. Paelinck, Hondius aurait acheté les cuivres originaux où il aurait effacé les écussons des éditions précédentes et ajouté au titre *H. Hondius, excudit*. Vinet appuie cette assertion comme la seule vraie, car, dit-il, Hondius n'a fait que retoucher les planches originales, qui souvent, après avoir passé par son burin, deviennent méconnaissables. Il a, du reste, suivi le même procédé pour d'autres suites d'estampes, qu'il publiait avec sa signature, comme s'il en était l'auteur. Deux tirages ont été faits sur ces planches retouchées : le premier (cinquième édition de Paelinck) assez vigoureux ; le second (sixième édition de Paelinck) très inférieur ; les nuages y sont gravés de nouveau.

Enfin la troisième reproduction citée par Ruggieri, aussi rare que la première, est d'un graveur anonyme. Elle se distingue des autres en ce que le graveur a imaginé de mettre une tête à l'un des trois combattants de la dernière pl. qui, dans l'œuvre de Hogenberg, n'en a pas, le haut du corps se trouvant en dehors de la planche. Il a mis des nuages au ciel, etc.

348. **Prima e seconda Coronatione di Carlo Quinto sacratissimo imperatore re de Romani fatta in Bologna.** (In fine :) *Stampata in Bologna per J. B. de Phaelli Bolognese*, 1530, in-4, goth. de 7 pp. non chiffrées, joli titre gravé, demi-mar. vert avec coins.

Pièce très rare à toutes marges.

349. La Solenne et triomphate entrata de la Cesarea Maesta, nella Franza, con li superbi apparati et archi triomphali con tutte le historie Pitture, et motti latini che in essi erano, con lordine de tutte le Feste, che sono fatte per tutte le Terre de la Franza. *S. l. n. d.* (Ferrara, Maestro Giovanni francese in la contrada di Fasoli, 1539), in-4 de 4 ff. n. chiffr.

Pièce très rare, portant au titre les armes de Charles-Quint, et celle de France. Elle a trait aux fêtes données à Poitiers pour le passage de Chales-Quint, en France, en 1539, alors qu'il allait réprimer les troubles des Pays-Bas.

350. La Triomphate || et magnifique entrée de lempereur Char || les toujours auguste, cinquième de ce || nom, acompaigne de messeigneurs le || Dauphin de France et du duc || Dorléans, en sa ville de || Valenciennes || avec privilege || MDXXXIX. || *On les vend au Palais, es boutique de Gilles Corrozet et Jehan du Pré, libraires.* || (À la fin :) En Valenciennes, de Janus vingt et ung || soupperet Charles et Daulphin en comun. *S. l. (Paris)*, 1539, petit in-4, goth. de 11 ff. n. chiffrées, mar. r., armes de France, doublé de mar. r., dent., tr. dor. (*Thibaron.*)

Exempl. avec témoins et d'une conservation parfaite. Ce livre, qui nous fait connaître la fin du voyage de Charles-Quint à travers la France, les fêtes qui furent données à cette occasion, et le cérémonial de ses adieux aux fils de François Ier, est tellement rare, que ni Secousse, ni Lancelot, ni Sauvageot, ni même Ruggieri, dans sa première vente, ne le connurent.

351. Trattato del intrar in Milano, di Carlo V. C. sempre Aug. con le proprie figure de li archi e per ordine, li Nobili Vassalli et principi et signori Cesarei, fabricato et composto per l'Albicante. Al fine : *Mediolani, Apud And. Calvum*, 1541, pet. in-4, fig. sur bois, mar. lavall., fil., dos orné, chiffre de Ruggieri sur les plats, fil. (*Chambolle Duru.*)

Très rare. Relation en vers italiens de l'entrée de Charles-Quint à Milan, en 1541. Avec les figures des arcs de triomphe élevés à cette occasion.

352. Autre exemplaire, demi-vél., à toutes marges.

353. Coronatio Caroli V, cæsaris, aug. apud aquisgranum, par Hartmunnum Maurum-Hermanni. *Coloniæ, Hem Mameranus*, anno 1550, in-8 de 71 feuillets non chiffrés, cart., demi-vél.

3. Allemagne.

354. Poème chevaleresque et allégorique composé par Melchior Pfinziny, à l'occasion du mariage de Maximilien Ier avec Marie de Bourgogne. (En allemand.) *Augspurg, Mat. Schultes* (1679), in fol., fig. sur bois, bas.

355. Obsèques de Philippe le Beau, célébrées à Malines (18 et 19 juillet 1506), publié par Ch. Ruelens. *Bruxelles, Devroye*, 1860, gr. in-8, 20 p., br. — Pompe funèbre de Philippe le Beau, roi de Castille, mort le 25 septembre 1506 célébrée à Malines, 7 pp. in-8. Extrait.

356. La Pompe funeralle des obseques du feu Roy dom Phelippes, filz unicque de lempereur Maximilian César-Auguste

Ung chant nouvel touchant laliance d'Angleterre. L'épitaphe de feu messire George Chastélain et maistre Jehan Molinet, par Jehan Lemaire Belgijen... (et à la fin) : *Imprimé par Jean Enschede et fils à Harlem*, pour la librairie *Tross* à Paris, 1868 (par les soins et aux frais de M. Ruggieri, qui donne en 4 pages l'histoire de ce livre), in-fol. goth. de 18 ff. plus 2 ff. pour la préface, gr. papier vél. de Holl.

357. Autre exemplaire sur peau de vélin, en ff.

358. Les Funéraux et solennelz triumphes ou pompes des exèques de feu don Philippe, unicque fils de l'Empereur Maximilien toujours Auguste. — Epitaphe de feu messire George Chastellain et maistre Jehan Molinet... (de la nouvelle allyance d'Angleterre, par Jehan le Maire de Belges). *Paris, E. Tross*, 1868, in-4. Exemplaire sur peau de vélin, chiffre de Ruggieri sur les plats, mar. rouge, dent. int. (*Masson-Debonnelle.*)

C'est l'unique exempl. tiré sur peau de vélin. En outre de celui-ci il n'a été tiré que 5 exemplaires sur papier de Hollande.

359. THURNIER-BUCH... etc. Livre sur les tournois (en allemand). Relation des faits curieux qui ont eu lieu à Vienne, au mois de juin 1560... dédié à l'empereur Ferdinand, par Jean Francolini. (A la fin :) *Gedruckt zu Wienn in Oesterreich, durch. Raph. Hofhalter* (1561), in-fol. goth. une grande planche de médailles, bas. (*Exempl. incomplet de planches.*)

360. PARENTALIA DIVO FERDINANDO CÆSARI AUGUSTO, PATRI PATRIA, ETC., A MAXIMILIANO IMPERATORE, ETC., FERDINANDO ET CAROLO. SER. ARCHID. AUSTRIÆ, FRATRIBUS, SINGULARI PIETATE PERSOLUTA VIENNÆ, anno.... 1565. *Excudebant Augustæ Vindelicorum Wolfgang Meyerpeck et Joach. Sorg.*, 1566, in-fol. impr. d'un seul côté, mar. rou. foncé, larges dent. semées de larmes, plats ornés, chiffre de Ruggieri sur les plats, tr. dor. (*Masson-Debonnelle.*)

L'exempl. se compose d'un titre gravé sur une feuille double, de 5 ff. de texte, d'une grande planche pliée et de 31 pl. doubles gravées en taille douce.

C'est l'ordre de la pompe funèbre de Ferdinand Ier. frère de l'empereur d'Allemagne Charles-Quint et son successeur. Il est mort le 25 juillet 1564.

A la fin se trouve une pièce de vers, d'une écriture du temps.

Très bel exempl. bien conservé et *bien complet, d'un livre de la plus grande rareté* et dont nous n'avons jamais vu d'autres exemplaires. Non cité par Brunet et par Graesse.

361. Kurtzer Bericht, welcher gestalt von der Rœmischen Keyserlichen Mayestat Kayser Maximilian, diss namens dem andern, der Churfürst Hertzog Augustus zu Sachssen.... S.

Ch. Gn. Reichs Lehen und Regalien... zu Augspurg... emp-
fangen. (Relation abrégée de la réception faite par l'empereur Maximilien au duc-électeur de Saxe, à Augsbourg.)
Auspurg, Matth. Francken, 1566, pet. in-4 de 14 ff. dont 1
bl., cart.

> Au titre, fleuron des armes de Saxe.

362. Kurtze doch gegrundte Beschreibung des Fursten und
herren Wilhelmen, etc. (Relation abrégée des fêtes célébrées
à Munich, en 1568, à l'occasion du mariage de Guillaume,
comte palatin du Rhin, et de Renée de Lorraine, par Jean
Wagner.) *Gedruckt in München* (1568), in-fol., 67 ff. de
texte et 13 pl. coloriées, cart.

> L'un des plus curieux ouvrages, des plus rares et des plus précieux que
> nous connaissions au XVIᵉ siècle, en matière de fête, dit Cicognara. Ces
> planches, qui sont sur doubles feuilles, sont coloriées à la main, ce qui
> ajoute à la vérité du costume et donne le véritable caractère de l'époque.
> Cet exemplaire ne renferme que 13 planches; la grande planche de
> l'entrée à Munich, qui est du reste fort rare, ne s'y trouve pas.

363. Ordenliche Beschreybung der fürstlichen Hochzeyt die
da gehalten ist worden.... durch Herrn Wilhelm, Pfaltzgraf
beim Rheyn, Hertzg inn Obern und Nidern Bayern, etc.
(Description en règle des noces princières de Guillaume,
palatin du Rhin, duc de Bavière, avec Renée, duchesse de
Lorraine, qui ont eu lieu le 21 févriêr 1568, dans la ville du-
cale de Munich, faite en vers allemand, par H. Wirre.)
Augspurg, Philipp. Ulhart, 1568, in-fol., 22 ff. non chiffrés,
55 ff. chiffrés et 1 f. fig. sur bois color., demi-rel.

> Volume rare et recherché.

364. Ordentlichen Beschreybung des chritslichen, hochlœblichen
und furstlichen Beylags oder Hochzeit, so da gehalten ist
worden durch den... Herrn Carolen Ertzherzog zu Oesterreich, etc. (Description des fêtes et cérémonies du mariage du prince et seigneur Charles, archiduc d'Autriche,
avec Haute Demoiselle Marie, née duchesse de Bavière, qui
ont eu lieu le 26 août 1571 à Vienne; faite en vers allemands
par H. Wirrich.) *Vienne, Bl. Eber*, 1571, in-fol. 134 ff., fig.
sur bois, mar. rou., fil. dor. et à froid, chiffre de Ruggieri sur
les plats, tr. dor. (*Masson-Debonnelle.*)

> Volume de la plus grande rareté; en dehors de celui-ci, on n'en con-
> naît d'autre complet que celui qui est conservé au musée de Vienne.
> Outre les blasons gravés, il contient vingt-deux grandes planches en
> manière criblée, dont quelques-unes coloriées; les quinze premières
> représentent le cortège, la 16ᵉ réception de la fiancée au Danube, les 17ᵉ,
> 19ᵉ, 20ᵉ et 22ᵉ des tournois; la 18ᵉ Diane et les nymphes et la 21ᵉ la caval-
> cade de Pluton.

365. De nuptijs illustrissimi principis, ac domini D. Ludovici, ducis Wirtembergici et Teccij, Comitis Mompeligardij et cum Illustrissima principe ac Domina, D. Dorothea Ursula, marchionissa Badensi, etc. Stuccardiæ, anno 1575, mense nouembri celebratis, libri septem versu heroïco conscripti, a Nicodemo Frischlino. — Habes in his septem libris, candide lector, non modo Principum, comitum eorumq., comugum et filiarum, Baronum, etc. (Noces de D. Louis, duc de Wurtemberg et Teck, avec D. Dorothée-Ursule, marquise de Bade, célébrées à Suttgard en 1575, recueillies en un poème héroïque.) *Tubingæ, Georgius Gruppenbachius*, 1577, in-4, veau fauve à compartiments à froid, tr. ciselée et dorée.

> Exempl. de dédicace aux armes du prince de Wurtemberg. Il porte sur le titre la signature de Ballesdens. Livre fort rare. Cette relation en vers latins est très curieuse et très complète. Les fêtes données à Stuttgard à cette occasion durèrent plusieurs jours; il y eut cavalcades et carrousel,, tournois, combats à pied et à cheval, combats de gladiateurs, jeux gymniques, courses de bagues et feux d'artifice, remarquables pour le temps. La pièce principale représentait deux géants de feu qui semblaient combattre l'un contre l'autre à l'aide de fusées, pétards, roues de feu, etc. Il contenait aussi des bombes, invention toute nouvelle alors, et dont l'effet est bien décrit par le poète.
>
> Dans les premiers jours des fêtes, il y avait eu un petit feu d'artifice à l'issue du tournoi.

366. Historische beschreibung der Fürstlichen Kindtauff Fræwlein durch. Vilhelmun Dilichium. (Description historique du baptême de Madame Elisabeth de Hesse, fait à Cassel, en 1596, avec la relation des jeux chevaleresques qui ont eu lieu à cette occasion, par Guilb. Dilichius.) *Cassel, Wilhelm Wessel*, 1598, in-fol. frontisp. et nomb. grav. 40 pl. vélin, estamp. à froid sur plats. (*Il manque une planche et les pp.* 67, 68, 69 *et* 71.)

367. La joyeuse entrée d'Albert et d'Isabelle à Valenciennes (20 février 1600). Th. Louise. *Valenciennes, Lemaître*, 1877, in-8, armes de Valenciennes enluminées, frontispice (fac-similé), demi-mar. vert, dos orné.

> Tiré à 300 exemplaires.

368. Beschreibung der reiss, Empfahung dess Ritterlichen Ordens... herrn Friederichen desz funften... und koniglichen princessin Elisabeth... (Description du voyage, du retour et de l'entrée à Heidelberg et des fêtes données à cette occasion en l'honneur de Frédéric V, comte palatin du Rhin, et de la princesse Elizabeth d'Angleterre, fille de Jacques I.) (*Heidelberg*) *G. Vœgelins*, 1613, in-4 vélin, 11 gr.

en partie de Bry et de Keller, très curieuses, belle conservation. Le titre est coupé.

369. Inscriptiones arcuum triumphalium et pegmatum antuerpiæ erectorum honori sereniss. principis Ferdinandi Austrii, cum eam urbem optatissimo adventu suo bearet XV kalendas maij, anno 1635. *Anvers, Balth. Moreti*, in-4, vélin, fil., ornement au milieu des plats, tr. dor. (*Ancienne reliure.*)

370. Beschreibung oder relation Ober den Einzug und Erbhuldigungs actum in dem Erkherhogthumb karndten (1660). *Kramer*, 1660, 7 pl. grav. in-fol., parchemin, fil., dos orné. (*Armoiries.*)

371. Il fuoco eterno custodino dalle Vestali ; drama musicale par la Felicissima Nascita della ser. archiduchessa Anna Maria, etc. (Le Feu perpétuel gardé par les vestales, drame en musique pour l'heureuse naissance de l'archiduchesse Anna Maria, fille de l'empereur Léopold ; mis en musique par F. Draghi avec des airs par G.-E. Smelzer.) *Vienna, Ch. Cosmerovius*, 1674, in-fol., front. et 13 pl. gr. (*Vinet annonce 14 planches.*)

372. Der Kœniglich-Preussischen Crœnung hochfeijerliche Soleinnitatem auf allergnædigsten befehl seiner kœnigl Majestæt in Preussen, durch J.-G. Wolffgang. (Description des cérémonies du couronnement de Frédéric, roi de Prusse, par J. F. Wolfang.) *Berlin*, 1712, in-fol., front., 20 gr. planches et 7 petites, carton., n. rog. (*Mouillures.*)

373. Réjouissances et fêtes magnifiques qui se sont faites en Bavière l'an 1722 au mariage de Son Altesse sérénis. monseigneur le prince electoral (Charles), duc de la haute et basse Bavière, etc., etc., avec Son Altesse seren., madame la princesse Marie-Amélie, née princesse royale de Bohême et de Hongrie, archiduchesse d'Autriche, etc., et une description abrégée des palais de son A. S. Electorale où les fêtes se sont passées, par F. Pierre de Bretagne, Augustin. *Munique* (sic), *Marie-Magdeleine Riedline*, 1723, 1 vol. petit in-fol., 22 planches grav., veau marbré.

374. Description des fêtes données pendant quatorze jours à l'occasion du jour de naissance de Son Altesse sérénissime monseigneur le duc régnant de Wurtemberg et Teck, etc., le onze février 1763. *Stougard, Chr. Cotta*, 1773, 1 vol. in-8, veau. Suivi de la Description des fêtes données à l'occasion du jour de naissance de Son Altesse sérénissime monseigneur le duc régnant de Wurtemberg et Teck, etc., etc., le onze février 1764, par Uriot.

Volume fort curieux, donnant la relation des fêtes, dont les ordonnateurs étaient français, parmi lesquels on peut citer Servandoni, le célèbre architecte.

375. Description des fêtes données à l'occasion du jour de naissance de Son Altesse sérénissime monseigneur le duc régnant de Wurtemberg et Teck, etc., le onze février 1764, par M. Uriot. *A Stougard, chez Chr. Fréd. Cotta*, 1764, in-8, veau marbré.

376. Die Krœnung in Mailand im Jahre 1838 von August Lewald. (Le couronnement à Milan de Ferdinand I, comme roi d'Italie.) *Carlsruhe, W. Creuzbauer's*, in-4, 6 planches grav. en feuilles.

377. Festzug des ersten deutschen Schützen-Festes zu Frankfurt a. M. (1862). (Cortège à la première réunion des tireurs allemands à Francfort.) *Baden-Baden, Druck et Verlag-Reichel*, 1862, in-12, 1 grav. lithogr. format oblong, cart.

378. Cortège historique de la ville de Vienne à l'occasion des noces d'argent de Leurs Majestés François-Joseph Ier et Elisabeth (27 avril 1869), publ. par Oscar Berggruen. *Paris, Quantin*, 1879, in-fol., texte encadré, en-têtes, culs-de-lampe, lettres ornées, vign., grandes planches en héliogr. d'après de nombreux artistes, carton. en toile, large dent. à froid.

Belle publication tirée à 550 exempl. (n° 4.)

4. Angleterre.

379. Relation en forme de journal du voyage et séjour que le prince Charles II, roy de la Grande-Bretagne, etc., a fait en Hollande depuis le 25 may, jusques au 2 juin 1660. *La Haye, Adrian Vlacq*, 1660, in-fol. portr., et 4 grandes planches d'après Vliet, etc., gravées par Philippe et Mathan, vél.

380. Le Triomphe royal où l'on voit descrits les arcs de triomphe, pyramides, tableaux et devises au nombre de 65,

erigez à la Haye, à l'honneur de Guillaume III, roy d'Angleterre, Écosse, de France et d'Irlande. *La Haye, Barent Beek*, 1691, pet. in-8, 61 figures de Romain de Hooghe, veau br.

Livre curieux et rare.

381. Relation du voyage de Sa Majesté britannique en Hollande et de la réception qui luy a été faite, avec un récit abrégé de ce qui s'est passé de plus considérable depuis l'arrivée de Sa Majesté en Hollande le 31 de janvier, jusqu'à son retour en Angleterre, au mois d'avril 1691 et l'heureux succès de l'expédition d'Irlande (par Tronchin du Breuil). *La Haye, Arnont Leers*, 1692, in-fol., portrait, front et fig., demi-mar. vert, avec coins, tr. supér. dor., non rogn.

Ouvrage intéressant et curieux pour les 15 belles figures, frontispice compris, gravées par Rom. de Hooghe, dont il est orné. Le portrait, qui est aussi très beau et occupe toute la page, est gravé, par P.-A. Gunst, d'après Joh. Brandon.

382. Sacra exequialia in funere Jacobi II, Magnæ Britanniæ regis, exhibita... principe Carolo Sanctæ Romanæ Ecclesiæ Cardinali Barberino, descripta a Carolo de Aquino. *Romæ, Barberiius*, 1702, in-fol. front et pl. cart.

Volume orné d'un très grand et très beau frontispice et de 18 belles planches, par Sébas. Cipriani, gravées par Alexandre Specchi. La planche du front. est déchirée.

383. A Circumstantial account of the preparations for the Coronation of His Majesty king Charles the second, and a minute detail of that splendid ceremony with all the particulars connected with it; including the Installation of Knights, creation of Peers, etc., to which is prefixed, an account of the landing, reception, and journey of His Majesty from Dover to London from an original manuscript, by sir Edward Walker, knigt. (Relation circonstanciée des préparations pour le couronnement de Charles II.) *London, Baker*, 1820, in-8. — A Faithful account of the processions and ceremonies observed in the Coronation of the Kings and Queen of England, exemplified in that of their late most sacred Majesties king George the Third, and queen Charlotte; with all the other interesting proceedings connected with that magnificent festival. *London, Major*, 1820, gr. in-8, texte encadr., fig., demi-mar. rou., av. coins, tr. supér. dor.

Exemplaire en pap. de Hollande.

384. THE CORONATION OF HIS MOST SACRED MAJESTY KING GEORGE THE FOURTH solemnized in the collegiate church of S. Peter

Westminster upon the nineteenth day of July 1821, by the late sir Georges Nayler. *London, G. Bohn,* 1839, gr. in-fol. pap. vélin fort, fig. color., demi-veau.

Très riche publication, contenant 45 planches, dont 42 sont coloriées avec beaucoup de soin.

385. Souvenir of the Bal costumé, etc. Souvenir du bal costumé donné par sa très gracieuse Majesté la reine Victoria, au palais de Buckingham, le 12 mai 1842; costumes dessinés d'après nature par M. Coke Smyth, avec préface, introduction, histoire et description, par J. R. Planchi, Esq. ; publié par Paul et Dominique Colnaghi. *Londres,* 53 pl. en couleur in-fol., demi-rel.

Très belle publication, exécutée avec goût et d'autant plus intéressante que tous les costumes sont historiques.

386. Lord Mayor's day. Grande gravure en couleur représentant une cavalcade. *London, Clarke et Cie,* 18... br.

5. Espagne.

387. La tres admirable, très magnifique et triumphante entrée du... prince Philipes II d'Espaignes... filz de l'empereur Charles V, ensemble la vraye description des spectacles, théâtres, archz triumphaulx... etc., lesquels ont été faictz et bastie pour sa réception en la ville d'Anvers, anno 1549, premièrement composée en langue latine par Cornille Crapheus, trad. en français... *Imprimé à Anvers pour Pierre Coeck d'Allost,* par *Gillis van Diest,* 1550, petit in-fol. de 58 ff. non chiff., fig. sur bois, mar. bleu à comp., fil., tr. dor.

Bel exemplaire de Turner, très grand de marges. Titre de l'ouvrage gravé sur les plats de la reliure.

388. Spectaculorum in susceptione Philippi Hisp. Princ. divi Caroli V. Fil anno 1549. *Antuerpiæ æditorum* mirificus apparatus, per Cornelium Graphæum. *Antuerpiæ,* 1550, petit in-fol. de 39 ff. non chiffrés, 29 fig. dans le texte, mar. Lavall, bordures à froid, filets à froid et or, genre Grolier, tr. dor. (*Lortic.*)

Bel exemplaire grand de marges, le titre de l'ouvrage est gravé sur le plat de la reliure.

389. Brief discours du voyage et entrées faictes par la royne d'Espagne en Italie, avec les triumphes et pompes exhibées

tant en la villé de Ostia, Ferrare, Mantoue, Crémone, Milan, que es autres bourgades et villettes d'Italie. — La relation du voyage faict par le serenissime Archiducq d'Austrice Albert en Allemagne. *Bruxelles, par Rutger Velpius*, 1598, ensemble 1 vol. in-4 de 6 ff. non chiffrés, cartonné.

390. Relatione della pompa funerale che si celebro in Napoli, nella morte della sereniss. reina Margherita d'Austria scritta dal dottore Ottavio Caputi. *Napoli, per Tarquinio Longo*, 1612, in-4, nombreuses gravures sur bois, vélin.

> Pompe funèbre de Marguerite d'Autriche, femme de Philippe III d'Espagne, morte en couches, le 3 octobre 1611.

391. ESSEQUIE DELLA SACRA CATTOLICA E REAL MAESTA DI MARGHERITA D'AUSTRIA REGINA DI SPAGNA, celebrate dal sereniss. don Cosimo II gran duca de Toscana IV, descrite da Giovanni Altoviti. (Obsèques de Marguerite d'Autriche, femme de Philippe III, roi d'Espagne.) *In Firenze, Bartol. Sennatelli*, 1612, in-fol., 29 planches grav. de J. Callot et Tempeste, mar. violet semé de larmes et de marguerites sur les plats, dent. intér., tr. dor., chiffre de Ruggieri. (*Masson-Debonnelle.*)

> Très bel exemplaire grand de marges, épreuves de premier tirage.

392. Lorte wtlegginghen van alle de triumphe wercten ghemaeckt ende ghestelt ter ecren den doorluchtichsten prince card. Ferdinandus infante van Hispan, op sijn blijde incomste binnemp de siotd van Antwerpen, den 17 april 1635... doon H. M. Hub. Neffs Priester. (Entrée du prince cardinal Ferdinand, infant d'Espagne, à Anvers, le 17 avril 1635). Pet. in-4, veau marb.

393. Racconto delle sontuose esequie fatte alla sereniss. Isabella, reina di Spagna nella chiesa maggiore della citta di Milano il giorno xxij décembre dell' anno 1644. In *Milano, Dioniso, Gariboldi*, 1644, in-fol., nomb. gr., frontispice, vél.

> Volume orné de 66 belles fig. et d'un frontispice gravés par J. Paul Blanc, d'après les dessins de I. Christophe Scorer.

394. Esequie di Filippo IV, cattolico re di Spagna celebrate in Firenze dal sereniss. Ferdinando II gran duca di Toscana, descrite da Gio. Batista Borgherini canonico Fiorentino. *Florence, nella Stamp, de S. A. S.*, 1665, in-4, de 43 pp. demi-mar. brun, n. rog.

395. Pompe funebri delle universo nella morte di Filippo IV, il grande monarca delle Spagne in Napoli alli XVIII, di

Febraro MDCLXVI celebrate dall eminentissimo cardinale Aragona Arcivescono di Toleto, descritte dal D. Marcello Marciano. *Napoli, per Egidi Longo, stampatore della Regia Corte,* 1666, in-fol., nomb. grav. allégoriques et frontispice vélin, légères piqures de vers, dans les prem. ff.

396. Le Guerre festive nelle reali nozze de'sereniss., e cattolici re di Spagna Carlo secondo et Maria Loisa di Borbone celebrate nella Felice, et Fedelissima città di Palermo, nell' anno 1680, relatione istorica descritta dal. P. Maggio. *Palermo, per Giusep Barbera e T. Rummulo et Orlando,* in-fol., 15 pl. grav.

397. Breve compendio do los festivos aplausos con que se esmerio la villa de Villafranca del Panades en la proclamacion del rey nuestro senor D. Luis Primero... exécuté en 25 de Março de 1724. *Barcelona, Maria Marti...* 1724, in-4 de 15 pp., br.

398. Relacion de las exequias hechas en Roma a la Magestad catolica del rey nuestro señor don Phelipe V. Hallandose encargado de los Negocios de S. M. y del rey de las Dos Sicilias el emoyrmo señor don Trojano de Acquaviva y Aragon, cardenal Arzobispo de Monreal, protector de los reynos de Espana, y cavallero del insigne Orden de San Genaro. En *Roma, J.-M. Salvioni,* 1746, in-fol., vignettes et 7 grandes veau, filets dorés.

6. Belgique et Hollande.

399. Sommare beschrijuinghe vāde triumphelijcke incomst van den doorluchtighen ende hooghgheboren aerts-hertoge Matthias, binnen die Princelycke stadt van Brussele, 1578, den 18 dach Januarii... ghein venteert ende ghecomponeert deur Jean Bap. Houwaert. (Entrée triomphale de l'archiduc Mathias, à Bruxelles, le 18 janvier 1578.). *Antwerpen, Christ. Plantyn,* 1579, pet. in-4 de 174 pp., nomb. grav. sur bois de A. Van Loest, cart.

> Volume très rare, orné de nombreuses gravures sur bois représentant des arcs de triomphe, théâtre, cartouches décoratifs de l'entrée du prince.

400. Descriptio et explicatio pegmatum, arcum et spectaculorum quæ Bruxellæ Brabant : anno 1594, exhibita fuere, sub ingressum principis Ernesti dei gratia archiducis Austriæ, ducis Burgundiæ, etc. *Bruxellæ, Joan Mommaert,*

1594, in-fol., 22 planches et frontispice gravés, rehaussés d'or et de couleur, vignettes, fleurons, lettres, le tout enluminé, veau fauve à compart. et rinceaux, dorure en plein à petits fers, dos orné, tr. dor.

Très riche reliure du xvie siècle.

Exempl. de dédicace portant sur les plats du vol. les armoiries peintes de l'Archiduc Ernest et de la ville de Bruxelles.

Volume très rare grand de marges, orné d'un frontispice et de 22 planches dont une très longue, repliée, à la fin, représentant l'entrée du prince. Cette planche, gravée en taille douce, est fort rare et se trouve difficilement.

401. Pompa funebris principis Alberti Pii, archiducis Austriæ, ducis Burg., Brab., etc., veris imaginibus expressa a Jacobo Francquart archit. reg. Ejusdem principis morientis vita, scriptore E. Puteano. *Bruxellæ, Jean Mommartium,* 1623, in-fol., oblong. fig., vélin. (*Mouillures.*)

Volume rare et curieux contenant 64 pl. gravées par Corn. Galle.

Très intéressant par les nombreuses figures en pied qui y sont représentées (680) et par la ressemblance des portraits.

Exempl. de premier tirage.

402. Pompe funèbre du très pieux et très puissant prince Albert, archiduc d'Autriche, duc de Bourgogne, de Brabant, etc... représentée... dessinées en tailles douces par Jacques Franquart, et gravées par Corneille Galle, avec une dissert. histor. et morale d'Eryce Puteanus. *Bruxelles, Jean Léonard,* 1729, in-fol., titre frontisp. et 65 pl., v. m.

Bel exemplaire, grand de marges. Aux armes de Pinto de Fonséca.

Exempl. du 3e tirage. Le second tirage a paru en 1634.

403. Chronographica gratulatio in fel, adventum seren. cardinalis Ferdinandi, hispaniarum infantis a collegio soc. Jesu. *Bruxellæ*, publico Belgarum Gandio exhibita. *Antuerpiæ*, 1634, in-4, v. marb.

404. Eryci Puteani Purpura Austriaca, hiero basilica, sacram et regiam sereniss. principis Ferdinandi, Hispaniorum, infantis. *Anvers,* 1635, in-4, avec 1 figure gravée par Corn. Galle.

405. Pompa introitus honori sereniss. principis Ferdinandi Austriaci, Hispaniarum infantis Belgarum et Burgondinum gubernationis, etc.. à S. P. O. Antuerpia decreta et adomata XV kal. maii 1635, Arcus, Pegmata, Iconesque à Pet. Paulo Rubenio, Libroyne, commentario illustrabat Casperius Gevartius. *Antverpiæ, exc. Joannes Meursius,* 1642, vélin blanc à compart., tr. dor.

Les beaux dessins des gravures de cet ouvrage ont été faits par Rubens et gravés par Théod. Van Tulden.

Le portrait au commencement du livre, est celui de Neeffs, représentant l'archiduc, jusqu'aux genoux.

Exemplaire de M. Fr. Vergauwen, en très belle conservation; quelques feuillets seulement ont une légère mouillure, de fort peu d'importance. Les planches, ordinairement déchirées sur les plis ou trop rognées, sont ici intactes.

406. Idea honoris publici sereniss. principi Ferdinando S. R. E. cardinali, infanti Hispaniæ ab senatu populoque Brugensi exhibiti, cum eam ipse urbem triumphali ingressu honoraret mense Januario anni 1635. In-4 de 8 ff., mar. lavall., fil., tr. dor., chiffre de Ruggieri sur les plats. (*Andrieux*.)

Exemplaire *non rogné* d'une pièce extrêmement rare, relative aux fêtes qu'on voulait donner à Bruges pour la réception de l'archiduc Ferdinand d'Autriche, gouverneur des Pays-Bas.

407. Inauguration de Charles II, en Flandre (2 mai 1666), notice historique par Ferd. Vanderhaeghen. *Gand, de Busscher et fils*, 1867, in-4, d.-chag. rouge, 2 grav.

408. Vaar-actig relaas, van de Overkomst van zyn majesteyt William de Derde, koning van Groot-Brittanjen, etc., zyn vertrek vit Engeland, den 26 january 1691, en zyn gevaarlyke reys en aankomst in Holland op den 31 van deselve Maand... door Simon Jansz. Hartevelt... (Relation de la conclusion du traité avec Guillaume III, roi d'Angleterre, etc., et son voyage périlleux en Hollande, par Hartewelt.) *Amsterdam, Jan ten Hoorn*, 1691, in-4 de 32 pp. dont les 8 premières non chiffrées, vignette en titre et belle planche de J. Luycken, br.

Relation des plus rares de l'entrée de Guillaume III.

409. Relation de l'inauguration solennelle de sa Sacrée Majesté impériale et catholique Charles VI, empereur des Romains, roy des Espagnes, comme comte de Flandres, célébrée à Gand, le 18 octobre 1717. *Gand, Aug. Graet*, 1719, in-fol. frontispice et 6 grandes planches gravées par Mich. Heylbrouck, J. Harrewyn, etc., veau br.

Exemplaire grand de marges.

410. Formalités à observer à l'inauguration de Sa Majesté Impériale et Cath. Charles VI, laquelle doit se célébrer dans cette ville de Bruxelles, le 11 d'octobre 1717. Ce titre est suivi immédiatement du texte, en 4 pages, in-fol.

Lettre ornée d'une belle gravure sur bois. Fripée et déchirée.

411. Het Blyde Breda of te kort verhaal van de plegtige intrede van den allerdoorlugtigsten vorst Willem Carel Hendrik

Friso, prince van Oranje en Nassau... als heer en baron van
Breda ende haare koningklyke hoogheid Anna... (La
joyeuse entrée de Guill. Charles, prince d'Orange, comme
baron de Breda, et de la princesse héréditaire Anne d'Angleterre.) *In s' Gravenhage by Jac. .et Joh. van den Kieboom,*
1737, in-fol., planches par de Swarrt, grav. par J. Besoët.,
demi-vél.

Exemplaire grandes marges, très belle conservation.

412. Het Blyde Breda of te kort verhaal van de plegtige
intrede van den Allerdoorluhtigsten vorst Willem Carel
Hendrik, Friso prince van Oranje en Nassau... als heer en
Baron van Breda : ende haare koninglyke hoogheid Anna...
(La joyeuse entrée de Guillaume Charles, prince d'Orange,
comme baron de Breda, et de la princesse héréditaire Anne
d'Angleterre). *Gravenhage, J. van den Kieboom,* 1737, in-fol.,
6 pl. gr., dem.-rel. (*Mouill.*)

413. Relation de l'inauguration sólennelle de sa Sacrée Majesté Marie-Thérèse, reine de Hongrie et de Bohême, archiduchesse d'Autriche etc., comme comtesse de Flandre,
célébrée à Gand, ville capitale de la province, le XXVII avril
1744. *Gand, Vve Pierre de Goesin,* 1744, in-fol., frontisp.
et une très grande planche gravés par Fr. Pilsen, veau br.
(*Aux armes de Marie-Thérèse.*)

414. Relation des formalités à observer à l'inauguration de Sa
Majesté (Marie-Thérèse) qui doit être célébrée en cette ville
de Bruxelles le 20 du mois d'avril 1744. *Bruxelles, chez
Emmanuel de Grieck,* 1744, in-fol. de 4 pp.

« La Majesté dont il s'agit ici est Marie-Thérèse, reine de Hongrie et de
Bohême, duchesse de Lothier, de Brabant et marquise du Saint Empire. »

En 1740, elle succéda à son père Charles VI en vertu de la pragmatique
sanction, mais la plupart de ses Etats étant convoités par la Prusse, l'électeur de Bavière, l'électeur de Saxe, le roi d'Espagne, le roi de Sardaigne,
elle dut soutenir la guerre contre ses puissances y compris certains alliés,
comme la France, pour conserver en partie les Etats de son père. Remar-
quons cependant que la Belgique, dans laquelle elle fut inaugurée à
Bruxelles en 1744, ne fut jamais revendiquée par aucun de ces ennemis.

415. Arrivée et passage de Son Altesse royale le duc Charles-
Alexandre de Lorraine et de Bar, etc., gouverneur des
Pais-Bas, par la ville d'Alost le 17 mai 1749, avec un récit
des arcs triumphals et autres ornements faits à cette occasion, et le plan du feu d'artifice, exécuté par treize ama-
teurs volontaires, au retour de Son A. R. dans la ditte ville
le 21 du même mois. *Anvers, s. d.,* in-fol. de 16 pp., fig., v.
mar.

416. Plegtige inhuldiging van zyne doorlugtigste hoogheidt Willem-Karel Henrik Friso, prinse van Oranje en Nassau, etc., als markgraaf van Vere, op den 1 juny 1751... door Andreas Andriessen. (Inauguration solennelle de Guill. Charles, prince d'Orange et Nassau, comme margrave de Vere, le 1er juin 1751.) *Amsterdam*, 1751, fig. — Inhuldiging van zyne... Willem-Karel Henrik Friso, prinse van Orange als erf-heer van Ulissingen op den 5 juny 1751. (Inauguration du même prince comme seigneur d'Ulissingen.) *Amst.*, *Isaac Tirion*, 1753, in-fol., frontispice gravé par Folkema, beau portrait du prince d'Orange, gravé par Houbraken, d'après Ared et encore 7 grandes planches dont un feu d'artifice, quelques-unes gravées par Philips. — De statige inhuldinge van zyne doorlugtigste hoogheid Willem den Vyfden, prinse van Oranje en Nassau... als Markgraaf van Veere den 28 van bloeimaand 1766... beschreven door Josua Van Iperen... (Inauguration de Guillaume V... comme margrave de Veere.) *Middelburg*, *Gill. en I. de Winter*, 1767, in-fol. de 10 grandes planches. — Plechtige inhuldiging van zyne doorluchtigste hoogheid Willem den Vyfden, prinse van Oranje en Nassau... als Erf-heer van Ulissingen op den XXX van bloeimaand 1766... door Jona Willem Te Water... (Inauguration de Guillaume V, comme seigneur d'Ulissingen.) *Middelburg*, in-fol. Ensemble 4 ouvrages en 1 vol. in-fol., demi-rel.

417. Plechtige inhuldiging van zyne doorluchtigste hoogheid Willem den Vyfden prins van Oranje en Nassau... als erf van Ulissingen op den XXX van bloeimaand 1766... door Jona Willem Te Water. (Inauguration solennelle de Guillaume V, prince d'Orange et de Nassau... comme seigneur d'Ulissingen.) *Middelburg*, 1767, in-fol., cart., n. rogn.

418. Description du jubilé de sept cens ans de saint Macaire, patron particulier contre la peste, qui sera célébré dans la ville de Gand, capitale de la Flandre, du 30 mai au 15 juin 1767, avec le détail ultérieur des cérémonies, solennités, cavalcades, ornemens et des feux d'artifice, etc., etc., qui auront lieu à cette occasion. *Gand*, *J. Meyer* (1767), in-4, 15 pl. gravées par J.-L. et P. Wauters, br.

419. Nouvelle cavalcade emblématique et prophétique, vue en songe par Lucius-Quintius Cincinnatus, ancien sénateur romain, l'an de Rome 296, le jour même qu'il fut tiré de la charrue pour être nommé dictateur et prendre le comman-

.dement des armées, avec une superbe gravure. *En Brabant*, 1787, in-8, de 38 pp., 1 planche, broché.

420. Immaculée conception de la Sainte Vierge. Procession solennelle de Gand le 20 mai 1855. *Gand, de Busscher*, 1855, in-4, 11 lithog., br.

421. Herinnering aen Feesten de te gent. — Les fêtes de Gand, 31 août et 1er septembre 1856. *Gand, J. S. Van Doosselaere*, 1857, gr. in-fol., fleuron au titre, 16 pl. dans le texte et cul-de-lampe, en feuilles.

Ces fêtes ont été données à l'occasion du 25e anniversaire du règne de Léopold Ier, à qui l'ouvrage est dédié.

422. La Bienvenue de Jean de Hembyze à Gand (23 octobre 1583), par Jean Van der Haghen, publié en fac-similé par C. R. *Bruxelles, Heussner*, 1861, in-8, broché.

Avec un exemplaire sur chine du texte hollandais.

423. Funérailles de Léopold Ier et inauguration de Léopold II à Bruxelles, par Paul Dhormoys. *Paris, Alcan Lévy, s. d.* in-12, demi-mar. bleu.

424. Fêtes de Bruges. — Album descriptif des fêtes et cérémonies religieuses à l'occasion du jubilé de 700 ans du Saint-Sang à Bruges... par l'abbé C. C... *Bruges, Daveluy*, 1850, in-4. Le titre annonce 30 pl., il n'y en a qne 2 dans cet exempl. — Fêtes de 1853, 6 pièces dont une en double exemplaire. — Fêtes de 1866, 2 programmes différents.

7. Suisse.

425. Fêtes des vignerons de Vevey.

Description de la fête de 1833, in-8 de 52 pp. — Programme de la fête de 1851, in-8 de 72 pp. — Album de la fête de 1865, 1 grande planche, format oblong, se pliant en 17 morceaux, dessinée par Heinrich Jenny, lithog. Amiet à Soleure, éditeur, Lesser, à Vevey. Mouillé et déchirée à quelques pliures.

Album très curieux et excessivement rare. Au programme de la fête de 1833, on a ajouté une suite de gravures coloriées en 30 planches numérotées, provenant de la lith. de Spengler et Cie, à Lausanne, format oblong.

Très curieux à cause des costumes coloriés.

5 lith. de Colliond à Vevey, publié par Blanchoud, libraire à Vevey, faites pour la fête des vignerons de Vevey en 1851. Ces grav. sont coloriées et très curieuses.

8. Pologne.

426. Ragguaglio, delle solenni esequie Fatte, celebrare in
Roma nella Basilica di S. Clemente alla sacra real Maesta
di Federigo Augusto re di Polonia Dall' Em., e Rev. signor
cardinale Annibale Albani. *Roma*, 1733, in-fol., vél., grav.

9. Russie.

427. Représentation du feu d'artifice tiré à Saint-Pétersbourg
sur la Néva, à l'occasion du mariage de LL. AA. II. monseigneur le grand duc Constantin Pawlovitsch et madame la
grande duchesse Anna Fedorovna le... de février 1796, in-
fol., titre et 1 f. de texte (russe et allemand) et gr. planche
grav., cart.

10. Amérique.

428. Relação dos Festejos, que à feliz acclamação do Senhor
D. João VI Rei do Reino unido de Portugal, Brasil, e Al-
garves, par Bernardo Avellino Ferreira e Souza. *Rio de
Janeiro, Typogr. Real.*, 1818, in-4, br., rogn.

DEUXIÈME PARTIE

SCIENCES ET LITTÉRATURE

THÉOLOGIE. PHILOSOPHIE. MORALE

429. ULRIC VON REICHENTHAL. Das Concilium so zu Constanz.
(Le livre du concile tenu à Constance en l'an 1413 de la
naissance de notre sauveur, accompagné de beaux dessins et
de belles images représentant les pages, princes, rois, etc.,
ainsi que les représentations de leurs armes. (*Imprimé à
Augspurg par Heinrich Steyner*, 1536, in-fol. goth. de 215 ff.,
mar. violet, larges dent. à froid sur les plats, tr. dor., chiffre
de Ruggieri. (*Masson-Debonnelle.*)

> Deuxième édition, tirée avec les planches en bois de la première, im-
> primée en 1483.

430. ALBERTUS MAGNUS. Philosophia naturalis. *Brixiæ*, 1493,
pet. in-4, de 50 ff. non chiffrés, fig., mar. lavall. tr., dor.
(*Niédrée.*)

431. Réflexions ou sentences et maximes morales de la
Rochefoucauld, publ. par L. Lacour. *Paris, Jouaust*, 1868,
in-8, pap. vergé, demi-mar. bleu av. coins, tr. supér. dor.,
n. rogn.

SCIENCES ET ARTS

Chimie, Histoire naturelle et médecine.

432. Wurtz (Ad.). Dictionnaire de chimie pure et appliquée. *Paris, Hachette*, 1874, 5 vol. gr. in-8, fig., demi-mar. bleu, n. rogn. et 7 fasc. (*Complet.*)

433. Albertus Magnus. Secreta mulierum et virorum. *S. l., n. d.*, pet. in-4, goth. de 28 ff., demi-vél.

434. — Liber secretorum· (A la fin :) Liber aggregationis seu liber secretorum Alberti Magni de virtutibus herbarum, lapidum et animalium quorumdam. *S. l., n. d.*, pet. in-4, goth de 24 ff. cart., demi-vélin.

   Brunet prétend que c'est une production parisienne de la fin du xve siècle

435. Evonime Philiatre. Trésor des remèdes secrets, livre physic, medical, alchymic, et dispensatif de toutes substantiales liqueurs, et appareil de vins de diverses saveurs, nécessaire à toutes gens, principallement à medecins, chirurgiens et apothicaires. *Lyon, chez Balth. Arnoullet*, 1555, in-4, fig., sur bois, mar. lavall., tr. dor. (*Masson-Debonnelle.*)

436. De Rouveroy. Petit traité enseignant la vraye et asseurée méthode pour boire les eaux chaudes et froides minéralles, qui sortent des rochers qui sont dedans et aux environs de Plombières, comme aussi la manière que l'on doit prendre les bains, la douche, et l'étuve desdites eaux chaudes, 3e édition. *Espinal, Ch. Th. Frichement*, 1620, pet. in-8 de 96 pp., cart.

437. Vigenere (Blaise de). Traicté du feu et du sel, excellent et rare opuscule. *Paris*, 1618, in-4, mar. rou., tr. dor. (*Armoiries.*)

Art militaire, Artillerie.

438. Bianco (Alessandro Capo). Corona e palma militare di artigliera. *In Venetia, Francesco Bariletti*, 1602, in-fol., fig. sur bois, 4 ff. prélim. non chiffrés et 28 ff. chiffr. — Nuova inventione di fabricar fortezze, di varie forme di Giovan

Battista Belici. *Venetia, Roberto Meietti*, 1598, in-fol., 2 ff.
non chiff., fig. sur bois et 116 pp. en 1 vol., vél.

439. Bianco (Al. Capo). Corona e palma militare di artigliera,
Venetia, Fr. Bariletti, 1618, in-fol. de 4 ff. non chiff. et 58
ff. chiffr., fig. sur bois.

440. — Corona e palma militare di artigliera et fortificationi...
Venetia, Antonio Bariletti, 1647, in-fol., nombr. grav. sur
bois, cart. (*Piqûres de vers à la fin.*)

441. Blondel. L'Art de jetter les bombes. *Paris*, 1683, in-4,
fig., v. br.

442. Buchnern (Joh. Siegmund). Theoria et praxis artilleriæ,
etc., (en allemand). *Nurnberg, Joh. Hofmanns*, 1683-1685,
3 part. en 1 vol., nombreuses figures, vélin.

   Curieux pour les belles planches d'artifices qu'il contient.

443. Busca (Gabr.). Della espugnatione et difesa delle Fortezze. Libri due. *Turino, Nicol. Bevilacqua*, 1585, in-4, fig.
parch.

444. Carré (J.-B.-L.). Panoplie ou réunion de tout ce qui a
trait à la guerre, depuis l'origine de la nation française
jusqu'à nos jours. *Chalons-sur-Marne, Paris, Fuchs*, 1795,
1 vol. in-4 de texte et atl. in-fol. de 41 pl., demi-v. fauve.

445. Cibrario (Luigi). Delle artiglierie dal MDCCC al MDCC,
3° édition. *Lione, Luigi Perrin*, 1854, in-fol., cart.

446. Collado (Luys). Pratica manual de artilleria en la qual se
tracta de la excelencia de el arte militar, y origen de ella,
y de las maquinas con que los antiguos començaron a
usarla, de la invencion de la polvora, y artilleria... *Milan,
Cotando Poncio*, 1592, in-fol., nomb. fig. sur bois, vélin.
(*Quelques piqûres et mouillures à la fin.*)

447. — Pratica manual de artilleria. 1641, in-4, fig., parch.

448. Pratica manvale dell' artiglieria, done si tratta dell'-
eccellenza et origine dell'arte militare, e delle machine usate
da gli antichi. *Milano, per Girolamo Bordoni e Pietr. Lo-
canni*, 1606, in-4, nombr. grav. sur bois, vélin.

449. Collombon (capitaine). Traité de l'exercice militaire où
est l'instruction des jeux de toutes sortes d'armes et celuy
du drapeau, etc. *Lyon, Pierre Anard*, 1650, in-8, portrait
de l'auteur, gravé par Margallet, front. et 13 grav. sur
bois de Claude Audran, m. vert, fil., chiffre de Ruggieri
sur les plats, tr. dor. (*Niedrée.*)

   Exemplaire de Yemeniz.

450. DELOBEL (L.). Revue de technologie militaire ou recueil de mémoires, expériences, observations et procédés relatifs à cette science, choisis dans les meilleurs écrits périodiques. *Paris, Liège, Noblet,* 1854-1870, 13 vol. in-8, demi-v.

451. L'EVESQUE D'ECRINÉE. Recueil de mémoires, ouvrages ou extraits concernant la guerre. Faits ou traduits du chinois par M. L'Evesque d'Ecrinée, pour M. le comte d'Hérouville, lieut.-général et inspecteur d'infanterie, copié par de Larothiere. *A Bordeaux,* 15 juin 1757, manuscrit in-4, de 98 ff. d'une belle écriture. — Recueil de figures concernant la guerre, du même auteur, manuscrits de 218 ff. et nombreuses figures. 2 vol. in-4, mar. roug., larges dent., tr. dor.

Aux armes du comte d'Hérouville.

452. FERROSI (Francesco). Vegetio dell'arte della guerra tradotto da Francesco Ferrosi. *Vinegia, Gabr. Giolito frères,* 1551, pet. in-8, vél. (*Rare.*)

453. FLURANCE RIVAULT. Les Élémens de l'artillerie concernans tant la théorie que la pratique du canon par le sieur de Flurance Rivault. *Paris, Ad. Beys,* 1608, in-8, fig., vél.

454. GAUTIER. Traité de l'artillerie, expliquant la différence, les proportions, les renforts, les portées, les affûts, et tout ce qui concerne les canons dont on se sert en France, tant sur terre que sur mer, de plus la manière de jetter les bombes, etc. *Lyon, Th. Amaulry,* 1690, in-12, frontisp. de Bertran et 10 pl. num., mar. rouge, à compart., tr. dor. (*Anc. reliure.*)

455. GAYA (de). Traité des armes, des machines de guerre, des feux d'artifice, des enseignes et des instruments militaires anciens et modernes ; avec la manière dont on s'en sert présentement dans les armées tant françoises qu'étrangères, enrichi de figures par le sieur de Gaya, cy-devant capitaine. *Paris, Seb. Cramoisy,* 1678, in-12, front. et 19 fig. de Guérard, mar. lav., dos orné, fil., tr. dor.

456. GENTILINI (Eugenio). Il perfeto bombardiero e real instruttione di artiglieri. *Venetia, Ales. de' Vechi,* 1626, in-4, nombr. fig. s. bois, vél.

457. ISACCHI DA REGGIO (Gio.-B.). Inventioni nelle quáli si manifestano varii secreti e utili a personne di guerra, e per i tempi di paciere. *Parma, Viotto,* 1579, in-4, fig. s. bois, br. (*Mouillures.*)

458. Lazaro de Isla. Breve tratado del arte de artilleria, géo-métria y artificios de fuego. *Madrid*, 1595, in-8, fig. vél.

459. Joly (Guill.). Traicté de la justice militaire de France. *Paris, Abel L'Angelier*, 1598, in-8, vélin.

460. Maggi (Girolamo). Della fortificatione delle citta. *Venetia*, 1564, in-fol., fig. sur bois, mar. citron, fil.

461. — Della fortificatione delle citta. *Venetia*, 1583, in-fol. nombreuses figures sur bois, vélin.

   Exemplaire grand de marges.

462. Manesson-Mallet (Allain). Les travaux de Mars ou l'art de la guerre. *Paris, D. Thierry*, 1684, 3 vol. pet. in-4, nombreuses grav., v. br.

463. Malthus. Pratique de la guerre, contenant l'usage de l'artillerie, bombes et mortiers, feux artificiels et pétards, sappes et mines, ponts et pontons, tranchées des travaux, avec l'ordre des assauts aux brèches, et à la fin les feux de joye. *Paris, Guillemot* (1646), in-4, fig., mar. rouge, fil., tr. dor.

   Bel exemplaire. Aux Armes du Duc du Maine (Louis-Aug. de Bourbon) grand maître et capitaine de l'artillerie de France.

464. Martena (Gio-Battista). Flagello militare overo il terror de conflitti istruttione Guerrera. *Napoli*, 1687, in-4, frontis-pice, portrait de l'auteur et 19 fig. cart.

465. Meithen Michael. Artilleriæ Recentior Praxis oder keuere Beschüz Beschreibung Worinnen von allen vornehmsten Haupt-Vuncten der Artilleri... *Franckfurt und Leipzig, J.-Christophe Miethen*, 1683, in-fol., nomb. grav.,v.

466. Minici (Gio. Battista). Della teorica e pratica dell' universal militia cofi antica, come moderna libri cinque. Manuscrit in-fol. de 167 ff. numérotés, très nombreux dessins à la plume, d'une belle exécution, carton.

467. Mora (Domenico). Il Soldato. *Vinetia, Gabr. Giolito de Ferrari*, 1570, in-4, fig., parch.

468. Norton (Rob.). The Gunner shewing the whole practise of artillery. *London, Humphry Robinson*, 1628, in-fol., fig., de 8 ff. n. ch. compris le titre et le premier ff. blanc, de 160 pp., v. (*Rel. cassée.*)

469. Onosender. L'Art militaire d'Onosender, autheur grec ou il traicte de l'office et devoir d'un bon chef de guerre, mis

en langue françoise et illustré d'annotations, par Bl. de Vigenere, Bourbonnois. *A Paris, Abel Langellier*, 1605, gros in-4, frontispice, veau, fil. (*Raccommodage.*)

470. Paridem de Puteo. Solennis et utilis tractatus de re militari p. excellentissimum Juriconsultum Do *paridem de puteo* compilatus tota materia duelli fingularisqz certaminis egregie... 1543, in-8, vélin.

471. Reinaud et Favé. Du Feu grégeois, des feux de guerre et des origines de la poudre à canon. *Paris, Dumaine*, 1845, in-8, et atlas in-4, demi-veau.

471 *bis*. Le même ouvrage, broché.

472. Ruggiero (Pietro). La Militare architectura overa moderna fortificatione... *In Milano, Lodovica Monza*, 1661, in-4, planches, demi-vél.

473. Ruscelli (Girolamo). Precetti della militia moderna, tanto per more, quanto per terra. Trattati da diversi nobilissimi ingegni, et raccolti con molta diligenza dal. *Venetia*, 1572, nombr. fig. — Auvertimenti et essamini intorno a quelle cose che richiedono a un perfetto bombardiero, di Girolamo Gataneo novarese. *Vinegia*, 1580, in-4, nombr. grav. vél.

474. Sardi (Pietro). L'Artigliera divisa in tre libri. *Venetia, Giov. Guerrigli*, 1621, in-fol., titre grav. de 142 pp., 5 ff. non chiff., grav. en bois, vél.

475. Simienowicz (Casimiro). Vollkommene Geschuss-Feuerwerck und Buchsenmeisteren-Künst, von Casimiro Simienowicz... anitzo in die hochteutsche Spraach ubersetzet, von Thoma Leonhard Beeren, Lipsiensi mit einem gantzen neuen Theil wermehret durch Daniel Elrich, Stuckhaubtmann zu Franckfurt am Mayn. *Franckfurt am Mayn, Johann David Zunners*, 1676. — Der Grossen artillerie Feüerwerck und Büchfen-meisteren Künst zweiter Theil anietzo herauss gegeben von Daniel Elrich stückhaupkmann. *Franckfurt am Mayn, Johann David Zunnern*, 1676, in-fol., frontispice de C. Metzger, 25 pl. grav. — Deliciæ || Cranachianæ, || oder || Ulrich von Cranachs || etc., bey || Sottfried Sehltzen || . *Hambourg, Sottfried Sehltza*, 1676, in-fol. de 10 pp., 11 pl. signées CR. En 1 vol. in-fol., fig., v. br.

476. Simienowicz (Casim.). Artis Magnæ Artilleriæ studio et

opera Casim. Siemienowicz. *Amst.*, *Joa. Janssonium*, 1650, in-fol., fig., bas.

477. SIMIENOWICZ (C.). Le Grand art d'artillerie mise de latin en françois, par Pierre Noiset. *Amst.*, 1651, in-fol., fig., v.

478. SCHMIDT. Les Armes à feu portatives, leur origine et leur développement technique et historique jusqu'à nos jours, traduit de l'allemand par J.-N. Cuttat. *Paris, Tanera*, 1877, in-4, 58 pl. demi-mar. brun.

479. SURIREY DE SAINT-REMY. Mémoires d'artillerie, 3° édition. *Paris, Ch. Ant. Jombert*, 1745, 3 vol. in-4, frontisp. grav. par Le Pautre, fleurons au titre de Cochin, Soubeyran, portrait de l'auteur d'après Rigault, gravé par Edelinck, et nombreuses gravures gravées par Le Pautre et autres, mar. rouge, filets, dos orné, tr. dor. (*Anc. reliure.*)

    Bel exemplaire grand de marges et d'une conservation parfaite.

480. TREILLE (Fr. de la). La Manière de fortifier villes, chasteaux et faire autres lieux fortz. *Lyon, Guill. Rouille*, 1556, in-4, frontispice et nombreuses grav. sur bois, et lettres ornées, demi-veau lavall.

481. UFANO (Diego). Artillerie, c'est-à-dire vraye instruction de l'artillerie et de toutes ses appartenances... par Diego Ufano... traduit en langue française et orné de belles et nécessaires figures, par Jean Théodore de Bry. *Franckfort*, 1614, in-fol., titre grav. et nomb. fig., vél.

    Livre très rare, paru pour la première fois en texte espagnol, imprimé à Anvers, en 1613, in-4.

482. — Artillerie, c'est-à-dire vraye instruction de l'artillerie et de toutes ses appartenances... traduit en langue française. *Zutphen, André d'Aelst*, 1621, in-fol., nombreuses figures, vélin.

483. UFANUM (Diegum). Archeley das ist Brundtlicher unnd eygentlicher Bericht von Geschuss unnd aller Zugehœr... durch Diegum Ufanum... und mit schœnem und nohtwendigen Kupfferstucken geziert, durch Joan.-Theodorum de Bry... *Franckfurt, Erasmo Kempffern*, 1621, in-8, titre grav. et 29 planches, vélin estampé.

    On a relié à la suite un manuscrit intitulé : Feüerwerckh zum lust Schimyst unnd Ernst... 1634, in-fol. de 22 ff., écriture du xvii° siècle, avec dessin en marge.

484. VENAFRANO (G.-B. de la Valle). VALLO LIBRO CONTINENTE APPERTENENTIE AD CAPITANII, retenere et fortificare una citta

con bastioni, con novi artificii de fuoco agionti, come nella tabola appare, et de diverse sorte polvere, et de expugnare une citta, etc., opera molto vale con la experientia de larte militare. (A la fin :) *Finisse Libro intitolato Vallo*, MDXXIIII, pet. in-8, grav. signé Eustachus, 8 ff. prélim. et 71 ff., chiff., fig. sur bois, demi-veau.

Edition non citée par Brunet.

485. Venafrano. Vallo libro, etc, Titre noir et rouge, différant fort peu comme disposition en cul-de-lampe, in-8, de 8 ff. n. chiffrés, et 1 ff. pour la marque de l'impr., front, différent de celui de l'édition de 1524, et non signé. *Venetia, per Nicolo d'Aristotile detto Zoppino*, MDXXIX, pet. in-8, fig. sur bois, mar. rouge, dent., tr. dor.

486. — Vallo. Livre contenant les appartenances aux capitaines, pour retenir et fortifier une cité avec bastillons, etc. *Ci finist le Livre intitule Vallo, appertenant à gens de guerre, avec nouveaulx chapitres d'artifices de feu, etc. Imprimé à Lyon par Jacques Moderne de Pinguento Lan MDXXIX*, in-8 gothique de 8 ff., n. ch., et 68 ff. chiffrés, fig. sur bois, mar. rouge, chiffre de Ruggieri, tr. dorées. (*Kœhler*.)

487. — Vallo libro, etc. (A la fin :) *Vineggia, per Vettor. et Piero Ravano*, MDXXXI, pet. in-8, fig. sur bois, de 8 ff., prélim. n. chiffr., et 71 ff. chiff. et 1 ff. pour la marque de l'imprimeur, mar. vert, fil., tr. dor. (*Hardy-Mesnil*.)

488. — Vallo libro, etc. (A la fin :) *Vineggia, per Vettor et P. Ravano*, 1539, pet. in-8, fig. sur bois, 8 ff. prélim. 71 ff. chiffrés et 1 ff. pour la marque de l'imprimeur, parch.

489. — Vallo libro, etc. (A la fin :) *Finisse... in Vineggia, Piero Ravano*, 1543, pet. in-8, fig. sur bois, 8 ff. prélim. 71 ff. et 1 ff. pour la marque de l'imprimeur, demi-vél.

490. — Vallo libro, etc. *Vineggia, P. Ravano*, 1550, pet. in-8, fig. sur bois, de 8 et 71 ff., et marque de l'imprimeur, vél.

490 *bis*. — Vallo. Du faict de la guerre et art militaire. Tractant de l'office des capitaines et soldards, de assaulx et défenses de villes... (A la fin :) *Imprimé à Lyon, par Jaques Moderne, s. d.*, 1554, in-8 de 88 ff., fig. sur bois, demi-vél. (*Piqûres de vers*.)

491. Valturius. Roberti Valturii de re militari libr. XII, in-fol. de 387 ff. vélin à recouvrem.

Curieux manuscrit du xvi siècle enrichi de 85 figures coloriées.

492. Valturin (Rob.). Les Douze livres de Robert Valturin, touchant la discipline militaire, translatez de langue latine en françoise, par Loys Meigret Lyonnois. *Paris, Ch. Perier*, 1555, fig. sur bois. — Flave Vegece Rene homme noble et illustre, du fait de guerre et fleur de chevalerie, en quatre livres, trad. de latin en françois. *Paris, Chrestian Wechel*, 1536, in-fol., goth., fig. sur bois, v., fil.

493. Vauban (De). De l'Attaque et de la Défense des places. *La Haye, P. de Hondt*, 1737, in-8, nombr. planches, v. f.

Bel exemplaire en grand papier de M. Guyon de Sardières.

494. Vivien d'Anvers (Georges). Instruction de toutes manières de guerroier, tant par mer que par terre, et des choses y servantes par consideration : *Imprimé à Anvers, par Jean Von Ghelen*, 1563, petit in-12 goth., feuillets non chiffrés, 1 grav. sur bois, mar. rouge, tr. dor.

495. Aide-mémoire à l'usage des officiers d'artillerie de France, attachés au service de terre, 4e édition, revue et augmentée. *Paris, Magimel*, 1809, 2 vol. in-8, demi-v. f., n. rog.

496. Brochures sur la dynamite et sur la poudre, forte liasse, in-4, et in-8.

Études pratiques sur la dynamite, etc., par P. Barbe. *Paris, Lemoine.* in-8, br. — La dynamite, etc.. collection de documents rassemblés par P. Barbe. *Paris, Viéville et Capiomont*, 1870, in-8, br. — Notice sur la dynamite, etc., par A. Brüll. *Paris, Claye*, 1870, in-8, br. — Note sur la dynamite, par Alf. Caillaux. *Paris, rue de la Rochefoucault.* in-8, br. — Notice sur la dynamite, etc., par Ruggieri. *Paris, Tanera*, 1878, in-8, br. — De la dynamite... pendant le siège de Paris. *Paris, Tanera*, 1871, in-12, br. — La dynamite en Italie, note sur les brevets Nobel. *Genev., Veresoff*, 1876, in-12, br. — Conférences sur la dynamite faites par M. Faucher, in-fol. en feuilles autographié. — De la dynamite et de ses applications au point de vue de la guerre, par Champion, in-fol. autographié. — Expériences sur les effets de la dynamite, par Roux et Sarrau, in-4. — Recherches expérimentales sur les substances explosives, par Roux et Sarrau, in-4. — De la pression des gaz de la poudre dans les pièces d'artillerie, par L. Roux, in-8. — Sur la force de la poudre et des matières explosives, par Berthelot, in-4. — De la poudre à canon, par Lacabane, in-8.

Pyrotechnie.

497. Adrianus Romanus. Pyrotechnia hoc est de ignibus festivis, jocosis, artificialibus et seriis, variisque eorum structuris libri duo ex scriptoribus latinis, italis et Germanis collecti et redacti. 1611, pet. in-4, fig., v. f.

Exemplaire aux armes de Bonnier de la Mosson.

498. Belidor. Le Bombardier françois ou nouvelle méthode de jetter les bombes avec précision, etc... *Paris, de l'Impr. Royale*, 1731, grand in-4, mar. rouge, fil., tr. dor., orné sur plats, n.

Bel exemplaire en grand papier. Aux armes du duc du Maine, grand maître de l'artillerie de France.

499. Biringuccio (Vanoccio). De la Pirotechnia libri X. Composti per il S. Vanoccio Biringuccio Sennese. *Venetia*, 1540, in-4, fig. sur bois, v. f.

500. — Pirotechnia Li diece libri della pirotechnia. *In Venegia, per Giovan Padoano*, 1550, in-4, fig. sur bois, parch.

501. — La Pyrotechnie ou art du feu traduite d'italien en français par feu maistre Jaques Vincent. *Paris, Claude Frémy*, 1556, in-4, nombr. fig. sur bois, demi-veau.

502. — La Pyrothecnie, ou art du feu... *Rouen*, 1627, in-4, fig. sur bois, parch.

503. — Pirotehcnia li diece libri della pirotechnia. *In Venegia, per Comin da Trino di Monferrato*, 1559, in-4, fig. sur bois, v. br.

504. Boillot (Joseph). Modelles artifices de feu et divers instrumens de guerre : avec les moyens de s'en prévaloir pour assieger, battre, surprendre et deffendre toutes places. Utiles et necessaires à tous ceux qui font profession des armes. *Chaumont en Bassigny, chez Quentin Mareschal* (1598), in-4, fig. et titre gravé, demi-rel.

Volume peu commun, presque toutes les gravures portent le nom de J. Boillot.

505. — Artifices de feu et divers instruments de guerre (texte allemand et français). *Strasbourg, Ant. Bertram*, 1603, in-fol., 91 fig., vél.

Bel exemplaire grand de marges.

506. Chertier (F. M.) Nouvelles recherches sur les feux d'artifice, etc., 2e édition. *Paris*, 1854, in-8, nombr. fig., v. f.

507. Frezier. Traité des feux d'artifice pour le spectacle, nouvelle édition. *Paris, Nyon*, 1747, in-4, front. et vignettes de Cochin, et 13 planches, mar. rou., fil., tr. dor.

Bel exemplaire en grand papier.

508. — Traité des feux d'artifice pour les spectacles, nouv. édition. *Paris, Nyon*, 1747, in-4, front. et vignettes de Cochin et 13 pl., v. m.

Exemplaire en grand papier.

509. — Traité des feux d'artifice. *Paris, Nyon,* 1747, in-8, veau f.

Exemplaire aux armes du maréchal duc de Richelieu.

510. Furttenbach-(Josephum). Halinitro-Pyrabolia Beschreibug einer newen Buchsen. *Ulm, Jonam Saum,* 1627, in-fol. de 9 ff. n. ch. et 107 pp., frontispice de Raphel Custodis et 44 grav. du même, quelques-unes à double page et d'autres pliées, vél.

511. — Buchsenmeisterey-Schul darinnen die new angehen de Buchsenmeister und Feurwercker... *Augspurg, Joh. Schultes,* 1643, in-fol., frontisp. gravé, 45 pl. de Custodis Buchsenmeister-Discurs... Feuerwercks-laboratorio... durch G. Schreibern... *Breslau, J. Treschern,* 1656, frontispice et 77 eaux-fortes. Les 2 ouvrages en 1 vol. in-fol. vélin dos déchirés.

512. Hanzelet-Lorrain (Jean Appier dit). Recueil de plusieurs machines militaires et feux artificiels pour la guerre, et récréation; avec l'alphabet de Trittemius, par laquelle chacun qui sçait escrire, peut promptement composer congruement en latin. Aussi le moyen d'escrire la nuict à son amy absent. De la diligence de Jean Appier dit Hanzelet Calcographe et de François Thybourel, Mᵉ Chyrurg. *Au Pont à Mousson, par Charles Marchant,* 1620, in-4, fig., 6 part. en 1 vol., mar. rou. à compart., tr. dor. (*Anc. rel.*)

Aux armes de Camille de Neufville de Villeroi, archevêque de Lyon.

Recueil très rare divisé en six livres qui ont chacun une pagination particulière.

513. — La Pyrotechnie de Hanzelet, Lorrain, où sont représentez les plus rares et plus appreuvez secrets des machines et des feux artificiels, propres pour assiéger, battre, surprendre et deffendre toutes places. *Au Pont à Mousson, par I. et Gaspard Bernard,* 1630, gr. in-4, titre grav. et nombr. grav. d'Hanzelet, vél.

514. Konstantinoff (général major). Lectures sur les fusées de guerre faites en 1860 par ordre de S. A. I. M. le Grand duc Michel. *Paris, Morris,* 1861. — Légende des dessins pour l'intelligence des lectures sur les fusées de guerre... par... Konstantinoff. *Paris, Morris,* 1861, in-8, 32 pl. gravées chez Ehrard. Les 2 ouvrages reliés en un volume gr. in-8, demi-vél.

515. Malthe (Fr. de). Traité des Feux artificiels pour la guerre et pour la récréation, avec plusieurs belles obser-

vations, abrégez de géométrie, fortifications et exemples d'arithmétique en faveur des nouveaux étudiants ès mathématiques. *Paris, chez P. Guillemot,* 1629, in-8, front., fig., mar. rou., fil., tr. dor. (*Hardy-Menil.*)

516. — Traité des Feux d'artifice pour la guerre et la récréation, par le sieur F.-D.-M. *Paris, P. Guillemot,* 1629, in-8, front., fig., vélin bl., fil., tr. dor.

> Bel exemplaire.

516 *bis*. — Le même ouvrage, 1637, in-8, fig., vélin.

517. Parasiti (Abate). Manoscritto dell' Abate Parasiti intorno all'arte Pirotecnica sua diversi giuechi segreti ad intorno a quest'arte. Manuscrit italien partant de l'année 1700, in-fol., nomb. fig., cart.

518. Perrinet d'Orval. Essay sur les feux d'artifice pour le spectacle et pour la guerre. *Paris, Coustelier,* 1745, in-8, fig., mar. rou., fil., tr. dor.

> Bel exemplaire en grand papier.

518 *bis*. — Le même ouvrage, même édition, in-8, v. m. (En grand papier.)

519. — Traité des feux d'artifice pour le spectacle et pour la guerre. *Berne, Wagner et Muller,* 1750, in-8, mar. rouge, fil., tr. dor.

520. — Manuel de l'artificier. *Neufchâtel,* 1755, in-8, 11 pl., v. marbré.

521. Peretsdorf (J. Ravichio de). Traité de pyrotechnie militaire comprenant tous les artifices de guerre en usage en Autriche, traduit de l'allemand, sur un manuscrit inédit, avec des notes sur quelques dosages français, anglais, russes, prussiens, etc. *Paris,* 1824, in-8, 36 pl., demi-veau fauve.

522. Romberg. Études sur les fusées de guerre, en 1 vol., gr. in-8, demi-mar. br.

> Fusée à double effet à force centrifuge pour projectiles creux emplombés de l'artillerie rayée de siège et de campagne. *Bruxelles, Muquardt, et Paris, Dumaine,* 1860, 2 planches.
>
> Étude sur les fusées (deuxième partie), suite de la brochure ci-dessus. *Bruxelles,* 1868, 2 planches.
>
> Transformation de fusées à temps en fusées à double effet (troisième partie). *Bruxelles,* 1869, 2 planches.
>
> Fusées prussiennes, modifications proposées. *Bruxelles, Muquardt,* 1871, 1 planche.

523. Ruggieri (Cl. Fr.). Élémens de pyrotechnie divisés en cinq parties; suivis d'un vocabulaire et de la description des principaux feux d'artifice qui ont été tirés à Paris, depuis 30 ans, etc. ; 3e édition, revue, corrigée et augmentée de quatre articles et deux planches... *Paris, Bachelier*, 1821, in-8, front. et 29 pl., mar. lavall., tr. supér. dor., n. rogn., chiffre de Ruggieri sur les plats. (*Masson-Debonnelle.*)

524. Ruggieri (Cl. Fr.). Pyrotechnie militaire ou traité complet des feux de guerre et des bouches à feu, contenant l'origine de la pyrotechnie militaire... *Paris*, 1812, in-8, demi-veau, n. rogn.

525. Sylvius. Unter schiedene neve arten von künstlichem Fewerwerck neben kürzembegrief und anleitung zu der artillerie... (A la fin :) *Geisse, Johann Seyffert*, 1657, in-fol., frontispice et 51 grav. de Paravecini, vélin.

526. Tessier (P.). Chimie pyrotechnique ou traité pratique des feux colorés, 2e édition. *Paris, Baudoin et Cie*, 1883, in-8, fig., br.

527. Torré. Artifice de guerre. Manuscrit pet. in-8 oblong, composé de 19 ff. dont 6 ff. blancs, 6 aquarelles de l'invention du sieur Torré, mar. rouge ancien, orné, fil. tr. dor. (*Armoiries.*)

> Ce manuscrit qui date de 1770 environ, comprend les chapitres suivants : Fusée à bombe. Bombe à grenades. Bombe à incendier les villes et vaisseaux. Manière de chauffer les boulets sans forge. Canon de bois infernal. Même canon pour embraser les vaisseaux en pleine mer. — Toutes inventions qui devaient être d'un grand avantage contre les ennemis, dit Torré dans sa dédicace.
>
> Ce Torré était artificier italien, très estimé en France par les beaux feux d'artifice qu'il y donna, surtout celui du mariage du Dauphin en 1770. Il fonda, en 1764, le Wauxhall où il donnait des spectacles pyrrhiques, interrompus en 1768, par un procès; il fut donc obligé de transformer son établissement et y donna des bals et des fêtes foraines, et jusqu'en 1778, il s'ingénia à attirer le public par la variété de ses spectacles. Il mourut en 1780.

528. Anfang der Büchsen meister künst. Manuscrit d'artillerie et d'artifice de guerre et de joie, pet. in-4 obl., nombreux dessins dont quelques-uns coloriés, bas.

529. Cours abrégé d'artifices, contenant la confection, la réception, la conservation et la démolition des munitions et artifices de guerre, suivi de notions sur les artifices de joie... *Strasbourg*, 1850, in-8, demi-v. f., n. rogn.

530. Recueil de planches d'artifices de guerre et de joie. Manuscrit du xviie siècle, allemand et trad. française, parch.

531. Pyrotechnia of konstige vuurwerken, door DM. *Rotterdam, Hugo Rijckhals*, 1672, in-8, frontisp. et 22 planches, vél.

532. La Pyrotechnie pratique ou dialogues entre un amateur des feux d'artifice, pour le spectacle et un jeune homme curieux de s'en instruire (par M. G... amateur). *Paris, Cellot et Jombert*, 1780, in-8, 7 planches, demi-v. av. coins, n. rogn.

533. Der Wiener kund unst Lustfeuerwerker durch L. v. L. e. *Wien, Carl Gerold*, 1818, in-8 et atlas in-4 de 30 pl. et dessins gravés et coloriés, br., rogn.

————

BEAUX-ARTS

Gravure. — Sculpture. — Peinture.

534. BASAN (P.-F. et H.-L.). Dictionnaire des graveurs anciens et modernes, depuis l'origine de la gravure, par P.-F. et H.-L. Basan, père et fils, graveurs, précédée d'une notice historique sur l'art de la gravure, par P. Choffard; suivie d'un précis de la vie de l'Auteur, et ornée de soixante Estampes par différens artistes célèbres, dont 18 sujets nouveaux. *Paris, chez J.-J. Blaise*, 1809, 2 vol. in-8, fig., dem.-v.

535. ROSINI (Giov.). Storia della pittura italiana esposta coi monumenti. *Pise, Niccolo Capurro*, 1839-1847, 7 vol. in-8, demi-mar. vert et coins, tête dorée et 2 grands vol. in-fol. de grav. au trait.

536. HAVARD (Henry). L'Art à travers les mœurs. Illustrations par Gontzwiller. *Paris, Decaux et Quantin*, 1882, in-4, nomb. gr. vignettes et planches hors texte, demi-mar. lavallière, tr. supér. dor., n. rogn.

537. LACROIX (Paul). Les Arts au moyen âge et à l'époque de la renaissance, ouvrage illustré de 19 planches chromolithographiques exécutées par E Kellerhoven, et de quatre

cents gravures sur bois. *Paris, Firmin Didot*, 1871, in-4, demi-mar. brun av. coins, tr. supér. dor., n. rogn.

538. — Mœurs, usages et costumes au moyen âge et à l'époque de la renaissance, ouvrage illustré de 15 planches chromolithographiques exécutées par F. Kellerhoven, et de 440 gravures sur bois. *Paris, F. Didot*, 1877, in-4, demi-mar., brun av. coins, tr. supér. dor., n. rog.

539. — Vie militaire et religieuse au moyen âge et à l'époque de la renaissance, ouvrage illustré de 14 chromolithographies et de 409 figures sur bois. *Paris, F. Didot*, 1873, in-4, demi-mar. brun av. coins, tr. supér. dor., n. rogn.

540. — Sciences et Lettres au moyen âge et à l'époque de la renaissance, ouvrage illustré de treize chromolithographies, et de 400 gravures sur bois. *Paris, F. Didot*, 1877, in-4, d.-mar. brun, av. coins, tr. sup. dor., n. rogn.

541. Holbein (Hans). L'Alphabet de la mort de Hans Holbein. Entouré de bordures de xvie siècle et suivi d'anciens poèmes français, publiés d'après les manuscrits, par Anatole de Montaiglon. *Paris, Edwin Tross*, 1856, in-8, demi-mar. brun, tr. supér. dor., n. rogn.

542. Jubinal (Ach.). La Danse des morts de la Chaise-Dieu. Fresque inédite au xve siècle. *Paris, Didron*, 1862, in-4, 4 grandes planches et 1 grav. au commencement, demi-veau lavall.

Accompagné d'une lettre d'envoi de M. Jubinal à M. Ruggieri.

543. Spiegel om wel te Sterven, Aanviyzende met Prentver-beeldingen van het Lyden onzes Zaligmakers, Jesu Christi, Alles wat een Zieke betaamt om Gelukkig te Stewen, Volgen de Woorden Philipp 1 : Vers 21 door D. Vigne, Vergierd met 42 fyne Geëtste Kopere Platen, door Romein de Hoog. *Amst., Stigter*, in-4, 42 grav., demi-mar. lavallière et coins, tr. dor.

Superbe exemplaire ; les grav. sont de R. de Hooghe.

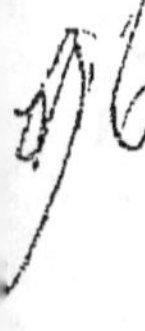

544. Blanc (Ch.). L'Œuvre de Rembrandt décrit et commenté par Ch. Blanc. Ouvrage comprenant la reproduction de toutes les estampes du maître, exécutée sous la direction de M. Firmin Delangle. *Paris, Quentin*, 1880, 2 vol. in-fol. dont 1 vol. de texte sur papier vélin et un volume de 353 planches tirées sur Hollande, cart., n. rogn.

545. Galerie de Rubens, dite du Luxembourg, composée des 24 tableaux gravés sur acier par les premiers artistes avec

beau portrait de Rubens dessiné par Le Clerc, gravé par
Benoist accompagnée de l'explication allégorique de chaque
sujet et d'un résumé de la vie de Rubens. *Paris, Willem,*
1877, in-fol., 25 planches, demi-mar. rouge, av. coins, tr.
supér. dor., n. rogn.

546. Ephrussi. Albert Dürer et ses dessins. *Paris, Quentin,*
1882, in-4, nomb. grav., demi-mar. bleu, tr. supér. dor.,
n. rogn.

547. Guiffrey (J.). Antoine Van Dyck, sa vie et son œuvre.
Paris, Quantin, 1882, in-fol., nombr. gravures, cart., n.
rogn.

548. Watelet. Nella Venuta in Roma di madama Le Comte e
dei signori Watelet, e copette componimenti Poetici di
Luigi Subleyras, P. A. colle figure in Rame di Stefano
della Vallee Poussin, pensionario di S. M. Cristianissima
(1764). (*Roma,* 1764), in-8, tiré in-fol., texte gravé et entouré
de charmantes bordures gravées, 12 pl. numérotées, plus
2 autres au commencement, gravées par La Vallée Poussin,
Weiroter, H. Robert, demi-mar. noir.

Bel exemplaire très grand de marges de ce livre tiré à petit nombre.

549. Recueil de 72 planches, la plupart gravées par Perelle
(du temps de Louis XIV), représentant de nombreuses vues
de Paris, de ses beaux monuments, des châteaux royaux et
princiers, des beaux jardins, monuments, arcs de triomphe,
palais étrangers, etc., in-4, demi-rel.

550. Prososographie sive virtutum animi, corporis, bonorum
externorum, vitiorum et affectuum variorum delineatio,
imaginibus accurate expressa a Philippo Gallæo et mono-
chromate ab eadem edita, Distichis a Cornelio Kiliano
Duffæo illustrata. In-4, contenant 43 grav. allégoriques,
un frontispice et un médaillon aux armes de Marie de
Mellum. mar. rouge ancien, dos orné, filets, tranches dorées,
chiffre de Ruggieri sur les plats. (*Masson-Debonnelle.*)

551. Vecellio (Cesare). Habiti antichi et moderni di tutto il
Mondo di Cesare Vecellio ; di nuovo accresciuti di molte
figure. Vestitus antiquorum, recentiorumque totius Orbis,
per Sulstatium Gratilianum senapolensis latine declarati.
In Venetia (1598), *Gio Bernardo Sessa,* in-8, de 56 ff. prélim. pour le titre, la dédicace et la table des matières ;
507 ff. avec une fig. sur bois au verso de chacun, demi-vél.
(*Piqûres de vers et mouil.*)

552. Vecellio (Cesare). Costumes anciens et modernes. Habiti antichi et moderni di tutto il mondo di Cesare Vecellio, précédés d'un essai sur la gravure sur bois, par M. Amb.-Firmin Didot. *Paris, A.-F. Didot,* 1859-60, 2 vol. in-8, fig., demi-mar. bleu, tr. supér. dor., n. rogn.

553. Villot (Fr.). Notice des tableaux exposés dans les galeries du musée national du Louvre. *Paris, Vinchon,* 1849-55, 3 vol. in-8, grand papier, demi-vél.

554. Darcel (Alf.). Notice des émaux et de l'orfèvrerie (musée du Louvre). *Paris, de Mourgues,* 1867, in-8, grand papier cart., n. rog.

555. Reiset (Fr.). Notice des dessins, cartons, pastels, minitiatures et émaux exposés dans les salles du 1er étage du musée du Louvre. *Paris, de Mourgues,* 1866-69, 2 vol. in-8, gr. papier, n. rog.

556. Reynart (Ed.). Catalogue des tableaux, bas-reliefs et statues exposés dans les galeries du musée des tableaux de Lille. *Lille,* 1872, gr. in-8, 21 planches, demi-mar. roug., tr. supér. dor., n. rogn.

557. Collection San Donato. Catalogue de vingt-trois tableaux des écoles flamande et hollandaise provenant de la célèbre galerie de San Donato (à Florence). *Paris,* 1868, gr. in-8, demi-mar. grenat, tête dorée, 23 pl. grav. Eau-forte de Braquemond.

557 *bis.* — Tableaux, marbres, dessins, aquarelles et miniatures. *Paris,* 1870, gr. in-8. Eaux-fortes de Braquemond, Gaucherel, etc., demi-mar. grenat, tr. supér. dor., n. rogn.

558. Catalogue de la bibliothèque du palais de San Donato. *Paris,* 1880, gr. in-4. 3 grav. de Thiriot, demi-vél.

559. Catalogue de tableaux anciens et modernes des diverses écoles, galerie de MM. Pereire. *Paris,* 1872, gr. in-8, nombr. grav. à l'eau forte, demi-mar. grenat, tr. supér. dor., non rogné.

560. Catalogue illustré des dessins et estampes composant la collection de M. Ambroise-Firmin Didot (avril-mai 1877), in-4, pap. de Hol., br., fig.

Tiré à 210 exempl. (N° 110.)

561. Catalogue d'une superbe collection de dessins anciens de l'Ecole française, de M. le comte de la Béraudière. *Paris,* 1883, gr. in-8, demi-vélin.

562. Catalogue de dessins anciens, principalement de l'Ecole française du XVIIIe siècle, dépendant de la collection de M. le baron de Schwiter. *Paris*, 1843, gr. in-8, fig., demi-mar. bl., tr. supér. dor., n. rogn.

---

563. HERÆUS (C.-G.). Inscriptiones et symbola varii argumenti. *Norimbergæ*, 1721, in-8, nombr. fig., demi-mar. noir, tr. supér. dor., n. rogné.

564. Médailles sur les principaux événements du règne entier de Louis le Grand, avec des explications historiques (par Fr. Charpentier, P. Tallemand, J. Racine, Boileau Despréaux, etc.). *Paris, Imprim. Royale*, 1723, gr. in-fol., front. de Simonneau, fig. de médailles, demi-mar. rouge et coins.

Edition continuée par Gros de Boze et la plus complète.

Arts divers.

565. Revue des arts décoratifs. *Paris, Quantin*, 1880-1884, 4 vol. in-4, nomb. grav., vignettes et planches hors texte, demi-mar. bleu avec coins, tr. supér. dor., n. rog.

566. BOYER DE SAINTE-SUZANNE. Notes d'un curieux. *Monaco*, 1878, 2 vol. gr. in-8, demi-mar. rouge, tr. supér. dor., n. rogné.

Tiré à 300 exemplaires.

Lettre à un curieux de curiosités. Les théâtres et les acteurs chez les Romains. Inventaire du cardinal Mazarin (1661). Les administrateurs sous l'ancien régime. Les tapisseries tissées de haute ou basse lisse. Les tapisseries françaises, etc.

567. MARIETTE. Description des travaux qui ont précédé, accompagné et suivi la fonte en bronze d'un seul jet de la statue équestre de Louis XV le Bien-Aimé dressée sur les mémoires de M. Lempereur, ancien échevin. *Paris, Le Mercier*, 1768, in-fol., 1 gravure de Saint-Aubin, d'après Gravelot, et nomb. planches, veau, filets, tr. dorées.

568. IL BALLARINO DI FABRITIO CAROSO da Sermoneta diviso in due trattati, nel primo de' quali si dimostra la diversita dei nomi, che si danno a gli atti et movimenti, che intervengono

ne i balli, et con molte regole si dichiara con quali creanze, et in che modo debbano farsi; nel seamdo s'insegnano diverses orti di balli et balletti si all' uso d'Italia, come a quello di Francia, et Espagna. Alla seren. sig. Bianca capello de Medici, gran duchessa di Toscana. *In Venetia, Franc. Ziletti*, 1581, in-4, mar. vert, comp. à la Du Seuil, dent. int., chiffre de Ruggieri sur les plats, tr. dor. (*Masson-Debonnelle.*)

Ce livre est orné de figures remarquables surtout sous le rapport des costumes. Elles ont été gravées par Giac. Franco, d'après les dessins de Della Rovere dit le Mantouan.

BELLES-LETTRES

Dictionnaires. — Poètes. — Théâtres. — Romans. — Facéties.

569. DUPINEY DE VOREPIERRE (B.). Dictionnaire français illustré et encyclopédie universelle. *Paris, Michel Lévy frères*, 1857-46, 2 vol. in-4, nombreuses figures, demi-mar. bleu.

570. Dictionnaire de la conversation et de la lecture, par une société de savants et de gens de lettres. *Paris, Didot,* 1861-1862, 16 vol. gr. in-8, demi-mar. brun, n. rogné.

571. OVIDII NASONIS (Pud.). Amatoria. *Lugdini, Seb. Gryphium*, 1540, in-8, veau brun.

Exemplaire aux armes de François II, Dauphin.

572. ANDREINI (Gio Battista). L'Adamo sacra rapresentatione. *Milano, Gerom. Bordoni*, 1617, in-4, mar. or., fil., tr. dor.

Cette pièce passe pour avoir fourni à Milton le sujet et quelques détails du *Paradis perdu.*

573. BISSARI (Pietro Paolo). Medea vendicativa Drama di Foco attione seconda de gli Applanoi fatti alla Nascita dell' altezza Ser. di Massimiliano Emanuele primogenito Elett delle Seren. Elett. Alt. di Ferdinando Maria et Enrieta Maria Adelaïde duchi dell' un'e l'altra Baviera. *Monaco, Gionn. Ickelino*, 1662, petit in-4, 8 belles pl. gr., demi-mar., n. rogné. (*Quelques raccommodages.*)

574. Moniglia (Gio Andrea). L'Hipermestra Festa téatrale rappresentata dal Sereniss. principe cardinale Gio Carlo di Toscana per celebrare il giorno natalizio del real principe di Spagna. *Firenze*, 1658, in-4, frontispice 13 planches grav. vél. suivi de : Descrizione della Presa d'Argo et de gli amori di Linceo con Hipermestra, festa téatrale. *Firenze*, 1658, in-4 de 32 pp. (*Quelques déchirures.*)

575. Roland furieux, poème héroïque de l'Arioste, traduction nouvelle de M. d'Ussieux. *Paris, Brunet*, 1775, 4 vol. in-8, portrait et 92 figures dont 48 par Cochin et Moreau, grav. par de Launay, Lingée et Ponce, v. éc., fil., tr. dor.

576. Marot (Clément). Œuvres annotées, revues sur les éditions originales et précédées de la vie de Clément Marot, par Ch. d'Héricault. *Paris, Garnier*, 1867, gr. in-8, d.-mar. lavall., n. rogn.

577. Rabelais. Les Quatre livres de maistre François Rabelais suivis du manuscrit du Ve livre, publiés par les soins de MM. Montaiglon et L. Lacour. *Paris, Académie des Bibliophiles, impression Jouaust,* 1868-72, 3 vol. in-8, pap. vergé, demi-mar. av. coins, dos orné, tr. supér. dor., n. rogn.

578. Régnier. Œuvres publiées par Louis Lacour. *Paris, Jouaust,* 1867, in-8, pap. vergé, demi-mar. citr., tr. supér. dor., n. rogn.

579. Molière. Œuvres complètes, nouvelle édition collationnée sur les textes originaux avec leurs variantes, par J. Taschereau. *Paris, Furne,* 1863, 6 vol. gr. in-8, fig. de Desenne et d'H. Vernet sur chine, demi-mar. vert avec coins, tr. supér. dor., non rogn.

580. Molière. Œuvres complètes, publiées par L. Moland. *Paris, Garnier frères,* 1863-64, 7 vol. gr. in-8, fig. de Staal, demi-mar. bleu, avec coins, tr. supér. dor., n. rognés.

581. Montesquieu. Lettres persanes, édition Louis Lacour imprimée par D. Jouaust. *Paris, Académie des bibliophiles,* 1869, in-8, pap. vergé, demi-mar. brun, av. coins, dos orné, tr. supér. dor., n. rog.

582 Beaumarchais. Théâtre complet, réimpression des éditions princeps avec les variantes des manuscrits originaux publiés pour la première fois par G. D'Heylli et F. de Marescot. *Paris, Jouaust, Académie des bibliophiles,* 1869, 4 vol. in-8, demi-mar. rouge, avec coins, tr. supér. dor., n. rog.

583. VICTOR HUGO. Le Roi s'amuse. *Paris, Société de publications périodiques,* 1883, in-4 en feuilles, dans un cartonnage couvert de moire.

> Sur la couverture, signature estampée de Victor Hugo. — Sur le faux titre la mention : *A M. Ruggieri, Victor Hugo,* et sur le verso de ce faux titre la mention imprimée : *Exemplaire imprimé pour la bibliothèque de Ruggieri.*
>
> Cette superbe publication, tirée à 200 exempl. contient en outre cinq planches de la composition d'Em. Bayard, une eau-forte de J.-P. Laurens, un croquis à la sanguine, du même, deux sépias d'H. Meyer, un croquis au lavis de J. Sargent, une aquarelle de Lavastu, une de H. Meyer, une 3ᵉ d'Ad. Marie, et une 4ᵉ de Rubé et Chaperon; une planche gravée d'Olivier Merson, — en outre six entêtes-vignettes d'Em. Bayard; les cinq premier de ces entêtes sont en plus tirés hors texte. — Culs-de-lampe, fac-similé d'écriture et de dessin de Victor Hugo, et fac-simile de musique de Léo Delibes.

584. BALZAC. Œuvres complètes. *Paris, Houssiaux,* 1855, 20 vol. in-8, fig., demi-chagr.

585. NADAUD (Gustave). Chansons choisies, illustrées par ses amis. *Paris, Ateliers de reproductions artistiques,* 1880, 2 vol. gr. in-4, musique, etc., nombr. gravures des meilleurs et célèbres auteurs contemporains, demi-mar bleu, dos orné de lyres entourées d'une couronne de lauriers.

> Un des 300 exemplaires sur papier teinté (n° 268).

---

586. VALANTINS. Questions d'amour et autres pièces galantes. *Paris, Cl. Barbin,* 1669, in-12, mar. r., à compart., chiffre de Rugg., dos orné, dent. int., tr. dor. (*Masson-Debonnelle.*)

586 *bis.* Nouveau recueil de lettres et billets galands avec leurs réponses, sur divers sujets. *Paris, Quinet,* 1679, in-12, front., mar. vert, dos orné, filets.

587. Mémoires de messire Pierre de Bourdeille, seigneur de Brantome, contenant les vies des dames illustres de France de son temps. *Leyde, Jean Sambix le Jeune, à la Sphère,* 1699, pet. in-12, mar. bleu, filets, tr. dorées.

588. Lettres d'une demoiselle entretenue à son amant. *Cologne, chez P. Marteau,* 1749, in-8, de 43 p. n. rog., mar. rouge, orné sur plats du chiffre de M. Ruggieri. (*Belz-Niedrée.*)

589. MERCIER DE COMPIÈGNE. Éloge du sein des femmes. *Paris, Barraud,* 1873, pet. in-8, vignettes, demi-mar. rouge, avec coins, tr. supér. dor., n. rogn.

590. Champfleury. Les Chats, histoire. mœurs, observations, anecdotes, illustré de 52 dessins par E. Delacroix, Viollet-le-Duc, Mérimée, Manet, etc. *Paris, Rothschild*, 1869, in-8, mar. rouge, dos orné, large dent., tr. dor. (*Amand.*)

HISTOIRE

Géographie. — Histoire ancienne.

591. Parvum theatrum urbium five urbium prœcipuarum totius orbis brevis et methodica descriptio, authore Adriano Romano. *Francof. Nic. Baſſæi*, 1595, in-4, nomb. grav. représentant des villes, mar. lavall., fil., chiffre de Ruggieri sur les plats. (*Masson-Debonnelle.*)

592. Manesson-Mallet (Allain). Description de l'univers, contenant les différents systèmes du monde, les cartes générales de la géographie ancienne et moderne, les plans et les profils des principales villes. *Paris, Denis Thierry*, 1683, 4 vol. in-8, nombr. fig., mar. rouge à compart. (*Manque le V*ᵉ *vol.*)

592 *bis.* Autre exemplaire, en 5 vol., vélin. (*Complet.*)

593. Cellarius (Chr.). Notitia orbis antiqui, sive geographica plenor observat. illustr. P.-J. Schwartz. *Lipsiæ*, 1774, 2 vol. in-4, demi-v. fauve, n. rogn.

594. Nicolle de la Croix (abbé). Géographie moderne, précédée d'un petit traité de la sphère et du globe, etc. *Paris, Delalain l'aîné*, 1780, 2 vol. in-12, m. rouge, fil., dor. sur tr.

595. Malingre (Cl.). De la gloire et magnificence des anciens, enrichie de belles antiquitez recueillies de plusieurs bons autheurs et graves historiens. *Paris, Jean Laquehay*, 1612, in-8, demi-vél.

596. Tailhé (abbé). Abrégé de l'histoire ancienne de Rollin. *Paris*, 1782, 5 vol. in-12, mar. rouge, fil., tr. dor.

597. — Abrégé de l'histoire romaine à l'usage des jeunes gens. *Paris, Barrois l'aîné*, 1784, 5 vol. in-12, mar. rouge, fil., tr. dor.

Histoire de France.

598. GAGYN (Rob.). Les Croniques de France, excellens faictz et vertueux gestes des très chrestiens roys et princes... depuis lexidion de Troye la Grande, jusques au règne du... roy François Ier, composées en latin par frère Robert Gazyn... et depuis l'an mil cinq cens et quatorze translatées de latin en notre vulgaire françoys (par Pierre Desrey). *Imprimé à Paris, par Michel le Noir..*, 1516, 8e jour de may, pet. in-fol. goth., fig. sur bois, 12 ff. prélim. et 244 ff. de texte, dér. (*Il manque les ff*. 202-203.)

599. GUAGUIN (Rob.). La Mer des croniques et mirouer hystorial de France... compose en latin... par frère Robert Guaguin... Et nouvellement traduict de latin en vulgaire françoys (par P. Desray.) *On les vend à Paris à la rue Saint-Jacques, à l'enseigne de la Fleur de lys d'Or.* (A la fin :) *Cy finissent les Cronicques...* Et furent achevées le 5 du dict moys d'aoust 1532, pet. in-fol. goth. de 10 ff., n. ch. et 246 ff., 1 fig. sur bois, demi-vél. (*Mouillures.*)

Exemplaire grand de marges.

600. DU PUY (P.). Histoire des plus illustres favoris anciens et modernes, avec un journal de ce qui s'est passé à la mort du mareschal d'Ancre. *Leyde, Jean Elsevier*, 1659, in-12, mar. rouge, tranches dorées. (*Capé.*)

601. HÉNAULT (Prés.). Nouvel abrégé chronologique de l'histoire de France contenant les événements de notre histoire, depuis Clovis jusqu'à Louis XIV. *Paris, Prault*, 1775, 3 vol. Continué depuis la mort de Louis XIV jusqu'à la paix de 1783, par Ant.-Etienne-Nicolas des Odoards-Fantin. *Paris, Briand*, 1788, 2 vol. Ensemble 5 vol. in-8, mar. rouge, fil., tr. dor.

602. MILLOT (abbé). Elémens de l'histoire de France depuis Clovis jusqu'à Louis XV. *Paris*, 1782, 3 vol. in-12, mar. rouge, fil., tr. dor.

603. MARTIN (H.). Histoire de France. *Paris, Furne*, 1855-1860, 17 vol. in-8, fig., demi-chagr. lavall.

604. SISMONDI (Simonde de). Histoire des Français. *Paris, Treuttel et Würtz*, 1821-1844, 31 vol. in-8, demi-v. fauve, av. coins.

On a ajouté. Précis de l'Histoire de France, du même, en 3 vol. in-8, d.-v. f.

605. Daniel (R. P. G.). Histoire de la milice françoise. *Paris, Vve Saugrain et Pierre Prault*, 1728, 2 vol. in-4, fig., bas.

605 *bis*. — Histoire de la milice française. *Paris, Mariette-D. Coignard*, 1721, 2 vol. in-4, fig., v. m.

> Bel exemplaire en grand papier, aux armes du maréchal de Montmorency (Luxembourg).

606. Commines (Philippe de). Cronique et hystoire faicte et composée par feu messire Philippe de Commines, chevalier seigneur Dargenton, contenant les choses advenues durant le règne du roy Loys unziesme tant en France, Bourgogne, Flandres, Arthois, Angleterre que Espagne et lieux circonvoisins... *Paris, Galliot du Pré*, 1524, petit in-fol. goth., de 112 ff. réglés, portrait de Louis XI et fig. sur bois, v. m., fil., tr. dor. (*Piqûres de vers et raccommodages.*)

607. — Chronique et hystoire faicte et composée par feu messire Philippe de Commines. *Lyon, Claude Nourry*, 1526, gr. in-4 goth. de 4 ff. prélim. et 108 ff. chiffrés, fig., sur bois, v. f. (*Atteint d'humidité et quelques déchirures emportant du texte.*)

608. — Les Mémoires de messire Philippe de Commines, chevalier, seigneur d'Argenton, sur les faicts et gestes abbregees de Loys XI et Charles VIII. *Anvers, chez Martin Nutius*, 1597, gros in-12, mar. bleu, fil., tr. dor.

609. Ruble (baron Alph. de). Le Mariage de Jeanne d'Albret. *Paris, Labitte*, 1877, in-8, demi-mar. rouge, av. coins, tr. supér. dor., n. rogn.

610. — Antoine de Bourbon et Jeanne d'Albret, suite du Mariage de Jeanne d'Albret. *Paris, Labitte*, 1881, 2 vol. in-8, demi-mar. rouge, av. coins, tr. supér. dor., n. rogn.

611. Le duc de Nemours et Mlle de Rohan (1531-1592). *Paris, Labitte*, 1883, in-8, demi-mar. rouge av. coins, tr. supér. dor., n. rogn.

612. Le Voyage du Roy, au pays bas de l'Empereur en l'an MDLIIII bresvement recité par lettres missives que B. de Salignac, gentilhomme françois, escrivoit du camp du Roy à monseigneur le cardinal de Ferrare. *Paris, Charles Estienne*, 1554, in-4, ff. non numérotés, mar. rouge, filets, tr. dor., chiffre de M. Ruggieri. (*Masson et Debonnelle.*)

> Bel exemplaire grand de marges de ce livre rare. Légers raccommodages.

613. Discours véritable de ce qui est advenu aulx Estats gé-
néraulx de France tenuz à Bloys en l'année 1588. *S. l.*,
1589, in-8, vélin, filets et tr. dorées.

614. Discours de l'Assemblée Générale des Estatz, tenuz en
la ville de Bloys, commencez le lundy sixième jour de
décembre, mil cinq cens septante six. *Lyon, Benoist Rigaud*, 1576, in-8, réglé de 13 pp. vignette. Armes de
Henri III, vélin, filet, tr. dorées.

615. Satyre Menippée de la vertu du catholicon d'Espagne et
de la tenue des Estats de Paris. *S. l.*, 1599, in-12, mar.
bleu, fil. d., tr. dor. (*Capé*.)

> Edition rare.

616. VALDOR (Jean). Les Triomphes de Louis le Juste XIIIe du
nom, roy de France et de Navarre, contenans les plus
grandes actions où Sa Majesté, avec les portraits des rois,
princes et généraux d'armées... leurs devises eu formes
d'éloges, par Henry Estienne, ensemble le plan des villes,
sièges et batailles, par René Barry, le tout traduit en latin,
par le R.-P. Nicolaï. *Paris, Ant. Estienne*, 1649, in-fol.,
nomb. fig. et portraits, vélin.

617. Journal de monsieur le cardinal duc de Richelieu, qu'il
a faict durant le grand orage de la court en l'année 1630 et
1631. Tiré de ses Mémoires qu'il a escrit de sa main, avec
diverses autres pièces remarquables, qui sont arrivées en
son temps. *S. l.*, 1648, in-12, mar. rouge, tr. dor. (*Masson-
Debonnelle*.)

618. LE LABOUREUR (Jean). Relation du voyage de la royne de
Pologne et du retour de madame la mareschalle de Gue-
briant, etc. *Paris, Aug. Courbé*, 1647, in-4, v. m., fil., tr.
d., dos orné.

619. MAZARINADES. Recueil (1648-52) d'environ 500 pièces en
7 vol., rel. et en ff.

620. Journal contenant tout ce qui s'est faict et passé en la
cour de Parlement de Paris, toutes les chambres assemblées, sur le sujet des affaires du temps présent. *Paris*, 1652,
in-4, nombreux portraits. — Le vray journal des assemblées du Parlement contenant ce qui s'y est fait depuis la
Saint-Martin mil six cens quarante-neuf, jusques à Pasques
1651. *Paris*, 1651. — Suite du Journal des assemblées du
Parlement, depuis la Saint-Martin 1650 jusques à Pâques
1651. In-4, nombr. portr., veau marb.

621. Recueil de pièces en prose et en vers sur le mariage de Louis XIV avec Marie-Thérèse et leur entrée à Paris, 1660, 13 pièces en 1 vol., in-4, mar. violet, fil., tr. dor. (*Thomas.*)

> Journaux historiques contenant tout ce qui s'est passé de plus remarquable dans le voyage du roi et de Son Éminence... par le sieur P.-C. (François Colletet) (4 journaux).
>
> Nouvelle relation contenant l'entrevue et serment des roys pour l'exécution de la paix.
>
> Suite de la nouvelle relation contenant la marche de Leurs Majestez, depuis Saint-Jean-de-Lus jusqu'à Paris.
>
> La liste générale et particulière de messieurs les colonels, capitaines avec l'ordre qu'ils doivent tenir dans leur marche.
>
> Le triomphe de la France sur l'entrée de Leurs Majestés à Paris. 1 gravure.
>
> Requeste présentée à M. le Prévost des marchands par cent mil provinciaux ruinez...
>
> Nouvelle relation contenant la royalle entrée de Leurs Majestez à Paris.
>
> Le parfait portrait de Marie-Thérèse.
>
> Explication et description de tous les tableaux, peintures, figures... qui estoient exposez à tous les arcs de triomphe...
>
> Explication des devises générales et particulières des tableaux...
>
> Le Parnasse royal et la réjouyssance des muses sur les grandes magnificences qui se sont faites à l'entrée de la Reyne.
>
> Remerciement de messieurs les provinciaux à MM. les Prévost des marchands et eschevins de Paris.
>
> La Muse en belle humeur.

622. PATTE. Monumens érigés en France à la gloire de Louis XV. *Paris, Desaint et Saillant*, 1765, nombreuses grav. v. m.

623. GAZETTE DE FRANCE, des années 1636 à 1655. Nos divers en 21 vol. in-4 parch.

Histoire de Paris.

624. Du BREUL (Jacques). Le Théâtre des antiquitez de Paris. Où est traicte de la fondation des églises et chapelles de la Cité, université, ville et diocèse de Paris. *Paris, P. Chevalier*, 1612, in-4, veau, filets, dos orné.

625. NEMEITZ (J.-C.). Séjour de Paris, c'est-à-dire instructions fidèles pour les voiageurs de condition, comment ils se doivent conduire, s'ils veulent faire un bon usage de leur tems et argent, durant leur séjour à Paris, comme aussi une

description suffisante de la Cour de France. *Leide*, 1727, 2 vol. pet. in-8, veau, dos orné.

Bel exemplaire de ce livre rare et curieux par les nomb. grav. représentant les principaux monuments de Paris et les châteaux des environs.

626. Le Sage. Le Géographe parisien ou le conducteur chronologique et historique des rues de Paris, orné de 7 plans d'accroissemens, de 20 plans détachés, mis en tête de chaque quartier et du plan général enluminé, contenant : l'abrégé de la France, l'origine de Lutèce, etc. *Paris*, 1769, 2 vol. in-8, veau marbr.

627. Fournel (V.). Les Rues du vieux Paris, galerie populaire et pittoresque, illustré de 165 gravures sur bois. *Paris, Firmin-Didot et Cie*, 1879, gr. in-8, demi-mar. vert, tr. supér. dor., n. rogn.

628. Almanach des plaisirs de Paris et des communes environnantes. *Paris, Goujon*, 1815, in-8, cart. (*Avec sa couverture rouge originale.*)

---

629. Chevalier (abbé G.). Histoire de Chenonceau, ses artistes, ses fêtes, ses vicissitudes d'après les archives du château et les autres sources historiques. *Lyon, Louis Perrin*, 1868, gr. in-8, m. brun, plats orn. fleur de lis parsem. d'F. et d'H. couron., tr. dor. (*Masson-Debonnelle.*)

Tiré à 200 exemplaires.

630. — Histoire de Chenonceau. *Lyon, Louis Perrin*, 1868, gr. in-8, mar. rouge, dos orné, larges dent., tr. dor.

631. — Le Château de Chenonceau, notice historique. *Tours, Mazereau*, 1869, gr. in-8, de 88 pp. demi-mar. vert avec coins, tr. supér. dor., n. rogn.

632. Galitzin (Prince Aug.). Inventaire des meubles, bijoux et livres estant à Chenonceaux le 8 janvier MDCIII, précédé d'une histoire sommaire de la vie de Louise de Lorraine, reine de France, suivi d'une notice sur le château de Chenonceaux. *Paris, Techener*, 1856, gr. in-8, avec portrait de Louise de Lorraine et 1 grav. du château de Chenonceaux, demi-mar. bleu, av. coins.

Histoire des pays étrangers.

633. Cantu (César). Histoire des Italiens, traduite sous les yeux de l'auteur par M. Armand Lacombe, sur la 2ᵉ édition italienne. *Paris, Firmin Didot*, 1859-1862, 12 vol. gr. in-8, 8, d.-v. fauve et coins.

634. Campo (Antonio). Cremona fedelissima citta et nobilissima colonia de romani rappresentata in disegno col suo contado et illustrata d'una breve historia delle cose piu notabili appartenenti ad essa et de i ritratti naturali de duchi et duchesse di Milano e compendio delle lor vite da Antonio Campo pittore e cavalier cremonese al potentissimo e felicissimo Re di Spagna Filippo II d'Austria. (A la fin :) *In Cremona*, 1585, in-fol., texte encadré d'une large bordure, mar. rouge, filets et fleurons en coins, dos orné, tr. dorées. (*R. Petit.*)

> Exemplaire de premier tirage, car la dédicace aux conseillers de Crémone a 56 ll. et que le portrait de Philippe II existe. Pour la pagination, l'exemplaire est conforme à l'art. de Brunet (tome I, page 1526). Les grav. d'Aug. Carrache sont ainsi distribuées : frontispice, portrait de Philippe II, grande planche allégorique à la fidélité de Crémone, portrait d'Ant. Campo, p. 13, 1 gravure, 9 portraits dans le texte, grand plan. plié de Crémone, 24 portraits de princes et princesses, plan du territoire de Crémone, 2 ff. de grav. dont l'une est imprimée des deux côtés (église de Crémone), lettres ornées dont quelques-unes sont de vraies vignettes par leur importance et leur sujet qui se rapporte au texte.

635. Giucciardin (Louis). Description de tous les Pais Bas autrement appellez la Basse Allemagne, et traduit d'Italien en langue françoise par M. de Belle-Forest, Commingeois. *Anvers, Ch. Plantin*, 1582, in-fol., front. vign. et 13 grav. représ. des plans de villes, mar. brun, filets à froid, dent. intér., tr. supér. dor., non rogné. (*Masson-Debonnelle.*)

636. Démidoff (Anat. de). Voyage pittoresque et archéologique en Russie, exécuté sous la direction de M. Anatole de Démidoff, dessins faits d'après nature et lithographiés par A. Durand et Raffet. *Paris, Bourdin*, gr. in-fol., recueil de 100 lithogr. plus un frontisp., demi-mar. rouge, tr. supér. dor., n. rogn.

BIOGRAPHIE

637. Michaud. Biographie universelle ancienne et moderne. *Paris, Michaud frères*, 1811-1862, 85 vol. in-8, nomb. portraits, demi-v. f., n. rogn.

638. Courcelles (Le chevalier de). Dictionnaire historique et biographique des généraux français depuis le xie siècle jusqu'en 1823. *Paris*, 1820-1823, 9 vol. in-8, demi-veau fauve.

639. Massillon. Oraison funèbre de très haut, très puissant, très excellent prince François-Louis de Bourbon, prince de Conty, prononcée dans l'église de Saint-André-des-Arcs, sa paroisse, le 24 de juin 1709. *Paris, Raymond Mazières*, 1709, in-12, réglé, fig., mar. bl., fil., tr. dor. (*Anc. rel.*)

Edition originale, contenant 3 pl. gravées par Pihan.

640. Fiefbrun. Véritable discours de la naissance et vie de monseigneur le prince de Condé jusqu'à présent à lui desdié par le sieur de Fiefbrun, publié d'après le manuscrit de la bibliothèque impériale par Halphen suivi de lettres inédites de Henri II prince de Condé. *Paris, Aubry*, 1861, pet. in-8, mar. bleu, fil. (*Chambolle-Duru.*)

Un des trois exemplaires sur peau de vélin.

641. Du Port (Jean), sieur des Rosiers. La Vie de très illustre et vertueux Jean, comte d'Angolesme, aïeul de François I, roy de France, dédiée à très haulte et vertueuse princesse, Marguerite de France, royne de Navarre. *Angolesme, par Olivier de Minieres*, 1602, in-4, mar. bleu, fil., dos orné, tr. dorées, chiffre de Ruggieri sur les plats. (*Masson-Debonnelle.*)

642. Viri illust. Nicolai Claudii Fab. de Peiresc. Vita auth. Petr. Gassendum. *Paris, Seb. Cramoisy*, 1641, in-4, vél.

BIBLIOGRAPHIE

643. Brunet (J.-C.). Manuel du libraire et de l'amateur de livres, 5e édition. *Paris, F. Didot*, 1860-65, 6 vol. gr. in-8, demi-mar. bleu, n. rognés.

Exemplaire de M. Yeméniz.

644. Deschamps et Brunet (G.). Manuel du libraire et de l'amateur de livres, supplément... *Paris, F. Didot*, 1878, 2 vol. gr. in-8, demi-mar. bleu.

645. Deschamps (P.). Dictionnaire de géographie ancienne et moderne, à l'usage du libraire et de l'amateur de livres. *Paris, F. Didot*, 1870, gr. in-8, demi-mar. bleu, n. rogn.

646. Aldo Manuzio. Lettres et documents (1495-1515), Armand Baschet collexit et adnotavit sumptibus Antonii Antonelli. *Venetiis, ex Ædibus Antonellianis*, 1867, in-8, demi-veau lavall.

Tiré à petit nombre

647. Ruelens G., et Backer (A. de). Annales plantiniennes, depuis la fondation de l'imprimerie plantinienne à Anvers jusqu'à la mort de Chr. Plantin (1555-1589). *Paris, Tross*, 1866, in-8, demi-chagr., n. rogn.

648. Frère (Edouard). Manuel du Bibliographe normand ou dictionnaire bibliographique et historique. *Rouen, A. Le Brument*, 1858, 2 vol. in-8, demi-chagr., n. rognés.

649. Bonnardot (A.). Essai sur la restauration des anciennes estampes et des livres rares, ou traité sur les meilleurs procédés à suivre pour réparer, détacher, décolorier et conserver les gravures, dessins et livres. *Paris*, 1846, in-8, de 80 pp., demi-mar., n. rogn.

650. Brunet (D.). Imprimeurs imaginaires et libraires supposés, étude bibliographique, suivie de recherches sur quelques ouvrages imprimés avec des indications fictives de lieux ou avec des dates singulières. *Paris, Tross*, 1866, in-8, papier vél., demi-mar. bl., n. rogn.

651. Inventaire de la bibliothèque du roi Charles VI, fait au Louvre en 1423, par ordre du régent, duc de Bedford. *Paris, pour la Société des bibliophiles*, 1867, in-8, papier vergé de Holl., demi-mar. lavall., n. rogn.

652. GUIGARD (Joannis). Armorial du bibliophile avec illustrations dans le texte. *Paris, Bachelin Deflorenne*, 1870-1873,
2 tomes en 1 vol. gr. in-8, blas., demi-mar. bl., tr. supér.
dor., n. rogn.

653. COHEN (H.). Guide de l'amateur de livres à vignettes (et à
figures) du xviiie siècle, 4e édition. *Paris, Rouquette*, 1880,
gr. in-8, papier vélin, demi-mar. brun, n. rogn.

654. Catalogue chronologique des libraires-imprimeurs de
Paris, depuis l'an 1470, époque de l'établissement de l'imprimerie dans cette capitale, jusqu'à présent. On y a joint :
le catalogue des même libraires, etc. (par Lottin, libraire).
Paris, Lottin, 1789, 2 vol. in-8, veau fauve.

> Bel exemplaire de ce catalogue rare.

655. Le Livre, revue mensuelle (publié par O. Uzanne).
Paris, Quantin, 1880-1883, en 8 vol. gr. in-8, fig., d.-mar.
rou., avec coins, tr. supér. dor., non rognés.

CATALOGUES

656. BIBLIOTHECA BALUZIANA. *Parisiis*, 1719, 2 vol. in-12, veau
mar. (*Prix.*)

657. BIBLIOTHECA COLBERTINA, seu catalogus librorum biblio-
thecæ quæ fuit primum... J.-B. Colbert regni administri
deinde J.-B. Colbert, march. de Seignelay... postea J. Nic.
Colbert rothomagensis archiepiscopi ; ac demum, Caroli
Leonorii Colbert comitis de Seignelay. *Parisiis, Gabr. Martin*, 1728, mouton vert, 3 vol. in-12. (*Prix.*)

> Catalogue devenu très rare. Prix d'adjudication à la main.

658. Autre exemplaire, dem.-rel. (*Avec prix.*)

659. Catalogue des livres de la bibliothèque de feu Monseigneur le MARÉCHAL DUC D'ESTRÉES. *Paris, J. Guérin*, 1740,
2 vol. in-8, demi-v. f. (*Prix.*)

660. Catalogue des livres de feu M. BARRÉ, auditeur des
comptes. *Paris*, 1743, 2 vol. in-8, v. f. (*Prix.*)

661. Catalogue des livres de la bibliothèque de M. Secousse. *Paris*, 1760, in-8, veau. (*Prix.*)

662. Catalogue des livres et estampes de la bibliothèque de feu M. Perrot... avec une table des auteurs... *Paris*, 1776, in-8, demi-veau. (*Prix.*) — Suivi de : Catalogue des livres de la bibliothèque de feu M. de Livry. *Paris*, 1776, in-8. (*Prix.*)

663. Catalogue des livres de la bibliothèque de feu M. le duc de La Vallière, 1re partie, par Guillaume de Bure, fils aîné. *Paris*, 1783, 3 vol. in-8, veau. (*Prix et noms des acquéreurs.*)

664. Catalogue des livres rares et singuliers de la bibliothèque de M. l'abbé Sepher. *Paris*, 1786, in-8, veau. (*Prix.*)

665. Catalogue de la bibliothèque de feu M. Jérôme Bignon, composé d'un choix considérable de livres rares, curieux et singuliers, manuscrits et imprimés dont une partie sur peau vélin de grands ouvrages à figures et d'une collection d'autographes. *Paris*, 1848, in-8, demi-mar. brun. (*Prix.*)

666. Catalogue des livres rares et précieux, manuscrits et imprimés de la bibliothèque de M. J.-J. de Bure. *Paris, Potier*, 1853, in-8, demi-vélin. (*Prix.*)

667. Catalogue des livres rares et précieux composant la bibliothèque de M. Ch. G. Giraud. *Paris, Potier*, 1855, in-8, demi-mar. rouge, tr. supér. dor., n. rogn.

> Exemplaire en papier de Hollande avec les tables des prix d'adjudication.

668. Catalogue de la bibliothèque de la ville de Lille, théologie. *Lille, Lefèvre-Ducrocq*, 1859, gros in-8, demi-mar. grenat, tr. supér. dor., n. rogn.

669. Catalogue de la bibliothèque de M. Félix Solar. *Paris, Techener*, 1860, in-8, dos et coins mar. rouge, tr. supér. dor., n. rogn. (*Avec la table des noms d'auteurs et des prix de vente.*)

670. Catalogue des livres manuscrits et imprimés, composant la bibliothèque de M. Armand Cigongne, précédé d'une notice bibliographique par M. Leroux de Lincy. *Paris, Potier*, 1861, in-8, demi-mar. brun.

> Exemplaire en papier de Hollande.

671. Catalogue de la bibliothèque de M. N. Yemeniz, précédé d'une notice par M. Le Roux de Lincy. *Paris, Bachelin-Deflorenne*, 1867, gr. in-8, demi-mar. bleu. (*Prix.*)

672. Catalogue des livres manuscrits et imprimés, composant la bibliothèque de feu le marquis Costa de Beauregard. *Paris, Potier*, 1868, in-8, dos et coins mar. rouge, tr. supér. dor., n. rog.

673. Catalogue des livres rares et précieux manuscrits et imprimés, composant la bibliothèque de feu M. El. Huillard. *Paris, Potier*, 1870, in-8, pap. de Holl., dos et coins de mar. rouge, tr. supér. dor., n. rogn.

674. Catalogue des livres rares et précieux, manuscrits et imprimés, faisant partie de la librairie de L. Potier, 1ʳᵉ et 2ᵉ partie. *Paris, Potier-Labitte*, 1870-72, 2 vol. in-8, demi-mar. rouge, av. coins, tr. supér. dor., n. rogn.

La première partie est en papier de Hollande.

675. Catalogue illustré de la bibliothèque de feu M. le marquis de Morante... précédé d'une notice biographique, par M. Fr. Asenjo Barbieri et de quelques mots sur cette bibliothèque, par M. Paul Lacroix. *Paris, Bachelin-Deflorenne*, 1872, in-8, pap. de Holl., nombr. pl. de spécimens de reliures, demi-mar. rouge, non rogn.

676. Catalogue des livres rares et précieux composant la bibliothèque de M. E.-F.-D. Ruggieri. *Paris, Labitte*, 1873, in-8, br. (*Avec les tableaux des prix d'adjudication.*)

Exemplaire en papier de Hollande.

677. Catalogue de livres rares et précieux imprimés et manuscrits composant la bibliothèque de M. L. de M*** (de Mongermont.) *Paris, Labitte*, 1876, in-8, demi-mar. rouge, n. rogn.

678. Catalogue des livres rares et précieux composant la bibliothèque de M. Jules Janin, avec une préface par M. Louis Ratisbonne. *Paris, Labitte*, 1877, in-8, pap. de Hollande, demi-mar. lavall., n. rogn.

679. Catalogue raisonné des livres de la bibliothèque de M. Ambroise-Firmin Didot. Tome premier, livres avec figures sur bois, solennités, romans de chevalerie. *Paris, Ambroise-Firmin Didot*, 1867, in-4, demi-mar. bleu.

680. Catalogue illustré des livres précieux, manuscrits et imprimés, faisant partie de la bibliothèque de M. A.-Firmin Didot. *Paris, Labitte*, 1878-79-83, 3 vol. gr. in-8, papier de Holl., br. (*Avec les tables des auteurs, ouvrages anonymes et artistes, suivies de la liste des prix d'adjudication.*)

681. Catalogue de livres rares et précieux, imprimés et manuscrits, la plupart français et latins, provenant de la bibliothèque de M. Robert-S. Turner. *Paris, Labitte*, 1878,
in-8, dos et coins mar. rouge, tr. supér. dor., n. rogn.

682. Catalogue de livres manuscrits et imprimés, anciens et
modernes, composant la collection de M. M.-E. Rouard.
Paris. Morgand et Fatout, 1879, 1 vol. in-8, demi-mar.
gren., grav. à l'eau-forte, représent. le portr. de M. Rouard.

683. Catalogue des livres sur les arts, tous bien reliés, composant la bibliothèque de M. Reiset. *Labitte*, 1879, in-8,
demi-mar. vert. (*Prix.*)

684. Catalogue des livres rares et précieux, composant la bibliothèque de M. le comte Octave de Béhague. *Paris, Porquet*, 1880, 2 parties en 1 vol. in-8, demi-mar. rouge, non
rogn.

685. Catalogue des livres rares et précieux de la bibliothèque
de M. le comte de S*** (de Sauvage.) *Bruxelles, Olivier*,
1880, in-8, demi-vélin.

    Ce catalogue contient une série intéressante de cérémonies publiques.

686. Catalogue des livres manuscrits et autographes sur la
Révolution française composant la bibliothèque de feu
M. Pochet-Deroche. *Paris, Chossonnery*, 1882, in-8, dem.-
vélin. (*Avec la table des prix d'adjudication.*)

687. Catalogue des livres précieux et des manuscrits avec
miniatures composant la bibliothèque de M.-E.-M.-B. (Bancel). *Paris, Labitte*, 1882, grand in-8, pl. suivi de la table
alphab. des noms d'auteurs et des ouvrages anonymes et
de la liste des prix d'adjudication, demi-mar. lavall., dos
orné.

    Exemplaire en papier de Hollande.

688. Catalogue des livres composant la bibliothèque de feu
M. le baron James de Rothschild, tome premier (seul paru
à ce jour). *Paris, D. Morgand*, 1884, gr. in-8, nombreux
bois grav. et pl. color., br.

689. Catalogue des livres et manuscrits formant la bibliothèque de feu M. J.-B. Th. de Jonghe. *Bruxelles, Heusner*,
1860, 3 vol. in-8, demi-mar. lavall., n. rogn.

690. Catalogue des livres et manuscrits formant la bibliothèque de feu M. de Jonghe. *Bruxelles, Heussner*, 1860,
3 tomes en 1 vol. in-8, demi-mar. violet.

691. Catalogue des livres, manuscrits et estampes formant le cabinet de feu M. Joseph PAELINCK. *Bruxelles, Heussner*, 1860, 2 port. — Catalogue d'une riche collection de beaux livres à figures, costumes, cérémonies funèbres, fêtes publiques, feux d'artifices, etc. (*Avec prix*). *Paris, Tross*, 1868. En 1 vol., in-8, demi-mar. bl.

692. Catalogue de la bibliothèque de feu M. Charles PIETERS. *Gand*, 1864, in-8, dos et coins de mar. bleu, tr. supér. dor., n. rogn.

693. Catalogue méthodique de la riche et précieuse collection de livres et des manuscrits délaissés par Ch. VAN HULTHEM. *Gand, Pœlman*, 1836, 6 vol. in-8, d.-mar. noir, n. rogn. — Catalogue raisonné de la précieuse collection de dessins et d'estampes au nombre de près de 30,000, formant le cabinet de Ch. Van Hulthem. *Gand*, 1846, in-8, demi-mar. brun, n. rogn.

694. Revue des Deux-Mondes, années 1878 à 1885 en 42 vol., in-8, demi-chagr. et livraisons.

ESTAMPES, DESSINS, PASTELS

Estampes

1. **Alix.** Fénelon en buste de forme ovale. In-4, en couleur. Très belle épreuve avant toutes lettres, marge.

2. **Almanachs.** 1671. L'Auguste sceance de leurs Majestez en Flandre ou estans accompagnez de Monseigneur le Dauphin et de toute la cour... ont reçus les compliments de la part du Roy d'Espagne, etc... gravé par de Larmessin. *Paris, chez P. Bertrand.*

3. — 1683. Le Beau jour de la France. Arrivé le 6ᵉ d'Aoust 1682, par l'heureuse naissance d'un prince, fils de Monseigneur le Dauphin et petit-fils de Louis le Grand, Roy de France... *Paris, chez la veuve Bertrand.* Très belle épreuve.

4. — 1684. Les Derniers soupirs de la très haute, très puissante et très vertueuse Princesse Marie-Thérèse d'Autriche, infante d'Espagne... laquelle est décédée au chasteau Royal de Versailles le 30 juillet 1683. *Paris, chez la veuve Bertrand.* Très belle épr., gravée par de Larmessin.

5. — 1685. Le Bonheur et le repos de l'Europe assuré par le très haut, très puissant, victorieux et pacifique monarque Louis le Grand... par une trève de vingt ans, qu'il a concluc et ratifie, avec l'empereur, l'empire, l'Espagne et les Etats gén. en 1684. *Paris, chez la veuve Bertrand.* Très belle épr.

6. — 1686. Le Triomphe des chrestiens sur l'empire des Turcs par les armées impériales et polonoise... *Paris, chez Pierre Landry.* Très belle épreuve.

7. — 1686. L'Audience Royale de Louis le Grand donnée au Serenissime doge de Gênes, le 15 mai 1685. *Paris, chez la veuve Bertrand.* Très belle épreuve.

8. — 1686. Le Mariage de Monseigneur le duc de Bourbon et et Mlle de Nantes dans la chapelle royalle de Versailles le 24 juillet 1685. *Paris, chez Montcornet.* Très belle épreuve.

9. — 1687. La Ville de Bude présentée à Leurs Majestez impériales par le prince Charles de Lorraine, et par Son Altesse électorale de Bavière, après l'avoir prise par assaut le 1er septembre 1686. *Paris, chez P. Landry*. Très belle épreuve.

10. — 1688. La Foi catholique triomphante dans toutes les villes du royaume d'Angleterre retablie par l'autorité de sa Majesté quelle a déclaré en son parlement avec le rétablissement des paroisses, couvens, communautez et collèges, dans Londres et autres villes de son royaume. *Paris, chez Pierre Landry*. Très belle épreuve

11. — 1740. L'Auguste ceremonie du mariage de Don Philippe, grand amiral d'Espagne, avec madame Louise Elizabeth de France, célébré dans la chapelle du château de Versailles... le 26 aoust 1739. Très belle épreuve.

12. BAILLEUL ET COCHIN. Vue perspective de l'illumination de la rue de la Ferronnerie le 29 août 1739. — Vue perstive de l'illumination de la rue de la Ferronnerie du côté de la rue Saint-Denis, le 8 septembre 1745. Deux pièces, belles épreuves.

13. BELLA (Stephanus della). Entrée à Rome de Son Excellence l'Ambassadeur de Pologne l'anno 1633. Grande pièce en six planches, en forme de frise. Très belle épreuve.

14. CHASTILLON (P.). Dessein des pompes et magnificences du Carousel faict en la place Royalle à Paris le v, vi, vii d'apvril 1612. Très belle épreuve avec la légende explicative.

15. DEBUCOURT (P.-L.). Vue de l'arc de triomphe de l'Étoile et du bouquet du feu d'artifice tiré le 2 avril 1810, jour du mariage de LL. MM. II. et RR. Très belle épreuve.

16. — Orléans (Mgr le duc d'). In-4, en couleur. Très belle épreuve.

17. DIVERS. Fêtes publiques, cortèges, feux d'artifice, vues de monuments, des xviie, xviiie et xixe siècles, 60 pièces. Pourront être divisés.

18. — Fêtes publiques et feux d'artifice donnés en France sous les règnes de Louis XV, Louis XVI, sous la Révolution et l'Empire. 128 pièces réunies dans un portefeuille.

19. — Feux d'artifice et fêtes publiques donnés en Allemagne aux xviie, xviiie et xixe siècles, 105 pièces qui pourront être divisées.

20. Divers. Feux d'artifice et fêtes publiques données dans les Pays-Bas, au xvii° siècle. 28 pièces.

21. — Feux d'artifice et fêtes publiques donnés en Italie, aux xvii° et xviii° siècles. 31 pièces.

22. — Fêtes et feux d'artifice données en Angleterre, Pologne, Suède, Espagne, Russie, Suisse et Danemark. 22 p.

23. — Fêtes publiques données dans divers pays. 15 pièces.

24. — Fêtes publiques données en Italie, au xvii° et au xviii° siècles. 25 pièces. — Fêtes publiques données en Allemagne à la même époque. 23 pièces.

25. — Fêtes publiques données en France, Pays-Bas et Danemark. 13 pièces.

26. — Fêtes et feux d'artifice donnés dans divers pays d'Europe. 22 pièces.

27. — Fête du 14 juillet, an IX. Vue du temple élevé dans le grand carré des Champs-Elysées dans lequel le concert fut exécuté. — Vue des 3 théâtres construits aux Champs-Elysées dans le carré Marigny, sur lesquels on a célébré aussi la fête du 1ᵉʳ Vendémiaire an X. *Paris, Martinet*, deux pièces en couleur. Belles épreuves.

28. Dupuis (C.). Fédération des départements du Haut-Rhin et partie des départements voisins exécutée près de Strasbourg sur la plaine dite des Bouchers. Très belle épreuve.

29. Hooghe (R. de). Relation du voyage de Sa Majesté Guillaume III, en Hollande, 1691. 15 pièces.

30. Mire (N. Le). Washington (le général), d'après Le Paon, in-fol. Belle épreuve.

31. Marot (D.). Foire d'Amsterdam, représentant les bourgeois sous les armes saluans nos seigneurs les burgermeesters. Grande estampe en deux planches. Très belle épreuve.

32. Maurer (J.). La Maison et jardin de Ranelagh, avec la rotonde, et la représentation du bal masqué appelé Jubilie, en couleur.

33. Nicolle (V.). Vue extérieure et perspective de la salle préparée par la ville de Paris pour le festin donné à Leurs Majestés à l'occasion de la naissance de monseigneur le Dauphin, le 21 janvier 1782. Très belle épreuve.

34. Piranesi (F.). Fête donnée par le général Berthier, ministre de la guerre, à l'occasion de la paix entre la République française, l'empereur et le Corps germanique, dans son hôtel et dans ses jardins, à Paris, le 2 germinal an IX Pièce en couleur. Très rare.

35. — Fête pour la paix générale donnée à Paris, le 18 brumaire an X. Illuminations des quais et du pont des Thuilleries. — Illuminations du pont et de la place de la Concorde. Deux pièces faisant pendants, gouachées.

36. Rigaud (J.). Réception des chevaliers de l'ordre du Saint-Esprit dans la chapelle de Versailles, lors de la grande promotion du 3 juin 1724. Très belle épreuve.

37. Saint-Aubin (Gabriel de). Vue de la foire de Beson, près Paris. Superbe épreuve. (*Rare.*) — Marche du bœuf gras. Superbe épreuve. (*Rare.*)

38. Schuppen (P. Van). Zwilling (A.-F.), doyen des officiers des cent-suisses de la garde, in-folio. Belle épreuve.

39. Suyderhœf (J.). Les Quatre bourgmestres d'Amsterdam recevant l'envoyé de Marie de Médicis, d'après Keyser. Très belle épreuve.

40. — La même estampe. Bonne épreuve.

41. Ziarnko. Feu d'artifice de la place Royalle à l'occasion du sacre de Louis XIII. Très belle épreuve, rare.

42. Sous ce numéro, il sera vendu par lots un grand nombre de plans, cartes. Portr. anciens des XVIIe et XVIIIe siècles, etc.

Dessins. — Pastels.

43. Anonyme. Vue de Paris (Isle Notre-Dame). Aquarelle.

44. Audureau. Portrait d'homme en buste de l'époque Louis XIV, avec grande perruque. Au crayon noir et pastel.

45. Bellot (Mlle). Portraits de deux jeunes femmes, en buste, faisant pendants. Pastels signés.

46. Boucher. Jeune fille à la fontaine. Au lavis de bistre.

47. Bourgeois. Paysage d'Italie. Beau dessin au lavis de bistre, signé et daté 1811.

48. Breuvanne. L'Après-dinée créole, composition de quatorze figures à la plume avec lavis d'encre de chine et d'aquarelle.

49. Després. Décorations de Christine, pièce jouée par la cour au théâtre de Gripsholm en hiver 1785. Acte 1er, 1re décorations et acte III, 3e décoration. — Deux dessins au trait gouachés et rehaussés d'or.

50. Dieterlin. Composition pour feux d'artifice. Trois dessins à la plume.

51. École Française xviiie siècle. Portrait d'une jeune fille tenant un porte-pastel à la main. Beau pastel de forme ovale.

52. — Fête dans un parc. Aquarelle.

53. Hennequin (P.-A.). L'Impératrice Joséphine couronnée par Napoléon. A la plume et lavis de bistre.

54. Jaime. Fête de nuit avec feu d'artifice sur la grande pièce d'eau à Versailles. Aquarelle.

55. Lepicié. Jeune femme en buste, aux trois crayons. — Jeune mère avec son enfant, aux trois crayons.

56. Michel. Fêtes publiques en l'honneur d'une princesse, son embarquement et l'arrivée au port. Deux très belles gouaches animées d'un grand nombre de figures faisant pendants, signées, une est datée : 3 mai 1776.

57. Monnet (Ch.). La Religion présente au roi, qui vient d'être sacré, l'étendart et le signe de la foi des chrétiens... La reine debout à gauche est couronnée de la Douceur, de la Candeur, de la Modestie, etc. Beau dessin à la mine de plomb, a été gravé par Née et Masquelier.

58. Slodtz (R. M.). Arc de triomphe dressé à l'occasion du mariage du dauphin, en février 1745. Beau dessin à la plume lavé d'aquarelle, avec rehauts de gouache.

59. Sous ce numéro seront vendus quelques dessins et gravures encadrés.

FÊTES DE LA RÉVOLUTION ET DE L'EMPIRE

Note du n° 227. — Pièces format in-8.

1789.

28 juillet. Honneurs funèbres rendus à Besançon à M. Blanc, 1 pièce.

Septembre. Discours prononcés à Paris à l'occasion de la cérémonie de la Bénédiction des drapeaux, 3 p.

1790.

Compte rendu par la Société des gardes nationaux à l'armée parisienne et aux 83 départements, 1 p.

Lettre curieuse d'un aristocrate converti aux 83 départements, 1 p.

7 février. Discours de M. Charron sur le serment civique, 1 p.

27 mai. Discours de M. Regnault sur le pacte fédératif, 1 p.

19 juin. Section de Saint-Roch. Extrait des délibérations, 1 p.

14 juillet. Ordre de la marche translative de Voltaire à Paris, 1 p.

20 juin. Description du serment et de la fête civique, 1 p.

3 juin. Ordre de la marche de la procession de Saint-Germain-l'Auxerrois, 1 p.

20 septembre. Fêtes funèbres pour les gardes nationaux tués à Nancy. 4 p.

Fêtes de la Fédération du 14 juillet 1790.

Description fidèle de ce qui a précédé, accompagné et suivi cette cérémonie, 9 planches, 1 p.

Fédération des gardes nationales et des troupes du Roi du dépôt de Seine-et-Oise. — Discours de La Fayette. Fédération des 14 et 15 juillet, 5 p.

Cérémonial de la Confédération fixé par la Ville de Paris, 2 p.

Fédération. Rapport de la commune de Paris, 4 p.

Détails de la Fête Nationale arrêtés par le Roi, 4 p.

Ordre, marche et cérémonies, 1 gr., 5 p.

Détails de la fête du Champ-de-Mars, 11 p.

Fédération locale du 7e canton du district méridional de Paris, 1 p.

Fête de la Fédération à *Montauban* (discours de M. Lude), 1 p.

Fête civique célébrée à *Négrepelisse* au sujet de la confédération, *imprimée à Montauban, chez Fontanel*, rare, 1 p.

Fédération à Melun (discours de M. Chamblain), 1 p.

Le lendemain de la Fédération. Fête du 15 juillet en l'honneur d'Henri IV, 1 p.

Enterrement du despotisme ou funérailles des aristocrates (17 juillet), 2 p.

Description d'estampes, plans allégoriques d'arcs de triomphe, etc. (par Blondel), 4 p.

Journal dédié aux députés fédératifs, 2 numéros, 2 p.

Comédies, pièces en vers, dialogues, lettres, etc., au sujet de la Fédération, 15 p.

Projet d'une place patriotique et d'un palais pour la permanence de l'Assemblée nouvelle par Giraud, 1 p.

1791.

Mémoires sur les courses de chevaux et de chiens en France, par Esprit-Paul de Lafont-Pouloti, 1 p.

16 janvier. Prestation de serment de M. Chapeau, curé à Vendôme. *Vendôme*, 1 p.

3 mai. Fêtes en réjouissance de l'incendie des Barrières de Paris, 3 p.

14 juillet. Messe pour l'anniversaire de la confédération, 1 p.

18 septembre. Fêtes de la constitution de 1791, 7 p.

1792.

Projet de cirque national et de fêtes annuelles, par le citoyen Poyet, 1 p.

18 mars. Fêtes à la mémoire de Jac.-Guill. Simonneau, maire d'Etampes, imprimées à Paris et à Tulle, 4 p.

15 avril. Fêtes pour la réception des soldats de Châteauvieux, 11 p.

14 juillet. Fêtes pour l'anniversaire du 14 juillet et de la place de la Bastille, à Paris et à Bourg-la-Reine, 8 p.

15 juillet. Discours de M. Pierre Bernard prononcé à l'hôpital de la Pitié, 1 p.

19 juillet. Fêtes pour la proclamation des dangers de la Patrie, 1 p.

18 août. Cérémonies funèbres pour les Français tués le 10 août à l'attaque du château des Tuileries, 3 p.

4 novembre. Fête des Victoires (discours du cit. Andrein), 1 p.

1793.

Monument consacré à la fête civique de la Montagne, 1 p.

Inauguration de la statue de la liberté à Béthune (discours du cit. Dupont). *Imprimé à Béthune*, 1 p.

Projet de fêtes nationales présenté par Mathieu, député de l'Oise.

10 août. Fête de l'inauguration de la constitution de la République à Paris, 21 p.

10 août. Fête du 10 août à Aubignan (Vaucluse) *Imprimé à Carpentras*, 1 p.

20 novembre. Fêtes de la Raison : à Grenoble (discours), 2 p. ; à Paris, 6 p. ; à Rouen, 1 p.

Septembre à novembre. Fêtes de l'inauguration des bustes de Le Pelletier et Marat, 11 p.

Funérailles de Le Pelletier (janvier), 3 p.

21 novembre. Rapport de Cambon sur les domaines aliénés, 1 p.

30 novembre. Discours de Jault sur la liberté, 1 p.

30 décembre. Fête pour la reprise de Toulon, 3 p.

1794.

12 janvier. Décret relatif à la culture des terres des défenseurs de la Patrie, 1 p.

19 janvier. Compte rendu de la fête civique de Brunoy, 1 p.

18 février. Fête de l'abolition de l'esclavage, à Paris et à Evreux (discours), 2 p.

Janvier à mars. Fêtes de la Raison, à Vaugirard, à Beaurepaire, à la section des Piques, aux autres sections de Paris et à Rennes, 8 p.

29 avril. Fête de la Vertu pour l'inauguration du buste du jeune Barras, 1 p.

8 juin. Fête de l'Être suprême (odes, cérémonies, discours).

8 juin. Fête à l'Être Suprême à Versailles. *Versailles, imprimerie des Beaux-Arts*, 1 p.

8 juin. Fête à l'Être suprême à Auxerre. *Auxerre, impr. L. Fournier*, 1 p.

8 juin. Rapport de la fête à l'Être suprême, qui sera célébrée à Troyes, extrait du plan proposé par David. *Troyes, F. Mallet*, 1 p.

11 juillet. Fête héroïque pour les honneurs à décerner aux jeunes Barra et Viala, 1 p.

14 juillet. La bataillon de Fleurus, chanson, 1 p.

10 août. Fête du second anniversaire de la République, 4 p.

21 septembre. Fête de la 5e Sans-Culottide, 2 p.

11 octobre. Translation de J.-J. Rousseau au Panthéon, 2 p.

21 octobre. Fête des Victoires (discours), 2 p.; Fête de l'Hospitalité, 1 p.

20 décembre. Fête civique célébrée à Aix-la-Chapelle le 30 frimaire, an IIIe de la République. *Aix-la-Chapelle, impr. du cit. Schœfers*, IIIe année républicaine, 1 p.

Fêtes civiques, décadaires et nationales. Rapports et discours de Merlin de Thionville, J.-P. Picqué, Marie-Joseph Chénier, Boissy-d'Anglas, etc., 27 p.

Instruction sur les fêtes décadaires. La Société populaire de Nancy à ses frères les citoyens des campagnes du même lieu et de toute la République. *Nancy, Guivard*, cartonné, 1 p.

1795.

8 février. Fête destinée à honorer le malheur, 1 p.

3 juin. Pompe funèbre du représentant Féraud, 3 p.

25 juillet. Opinion de Saint-Martin sur la nomination des membres du directoire exécutif, 1 p.

10 août. Fête de l'anniversaire du 10 août, 1 p.

3 octobre. Fête funèbre en l'honneur des députés mort victimes de la tyrannie, 1 p.; Discours pour la fête de l'Agriculture de l'an IVe prononcé par le cit. L.-J.-A. Gobert, administrateur du département de la Marne. *Chaalons, Menier*, 1 p.

1796.

29 mai. Fête des Victoires et de la Reconnaissance, 2 p.

29 mai. Fête des Victoires et de la Reconnaissance célébrée dans la commune de Bruxelles, chef-lieu du départ. de la Dyle.. *Bruxelles, G. Huyghe*, 1 p.

17 juillet. Établissement d'un Vaux-Hall, 1 p.

10 août. Fête anniversaire du 5e anniversaire du 10 août, 3 p.; Un recueil cart. (discours, procès-verbal, hymnes) sur les fêtes, 10 p.

1797.

27 février. Fête pour la prise de Mantoue, 1 p.

17 mars. Instruction sur la célébration des Fêtes nationales, 1 p.

Mars. Projet de résolution sur les honneurs à rendre aux défenseurs de la Patrie, 1 p.

29 avril. Fête des Époux, 2 p.

14 mai. Discours du citoyen Champagne pour la distribution des prix de moralité (suite de la fête de la Jeunesse), 1 p.

18 mai. Fête civique de l'Odéon, 1 p.

18 mai. Projet de résolution pour élever un monument aux triomphes des armées, 1 p.

4 juin. Fête pour le rétablissement du culte en France, 1 p.

14 juillet. Motion d'ordre sur l'anniversaire du 14 juillet, 1 p.

27 juillet. Fête du 9 thermidor, an V, 2 p.

27 août. Fête de la Vieillesse, 2 p.

5 septembre. Travail sur les institutions républicaines, 1 p.

22 septembre. Fête de l'anniversaire de la fondation de la République, 3 p.

28 septembre. Cérémonie de la distribution des prix aux Invalides, 1 p.

11 octobre. Cérémonie funèbre sur la mort du général Hoche, 3 p.

19 octobre. Même fête qui a eu lieu à Mauriac (Cantal). *Aurillac, Viallanes,* 1 p.

13 octobre. Fêtes nationales. (Rapport de Revellière-Lépeaux), 1 p.

4 octobre au 26 décembre. Fêtes décadaires, 6 p.

7 novembre au 14 décembre. Rapports et opinions sur les institutions civiles, 6 p.

20 décembre. Fêtes en l'honneur de la Paix, couronnement civique du pacificateur Buonaparte, 2 p.

1798.

9 janvier. Fête anniversaire de la Théophilanthropie, 1 p.

18 février. Plantation de l'arbre de la Liberté (7e arrondissement), 2 p.

20 mars. Fête de la Souveraineté du peuple, 5 p.

30 mars. Fête de la Jeunesse, 4 p.

29 avril. Fête de l'Hymen à Falaise, 1 p.

29 mai. Fête de la Reconnaissance, 3 p.

4 juillet. Projet de monument aux Victoires nationales, 1 p.

7 juillet au 30 août. Discours, rapports, motions sur les fêtes décadaires, 20 p.

14 juillet. Fête de l'anniversaire du 14 juillet et de la prise de la Bastille, 5 p.

28 juillet. Fêtes de l'anniversaire du 9 thermidor, 16 p.

10 août. Discours sur la fête du 10 août, prononcé à Nantes, par le citoyen Peccot. *Nantes, Vve Malassis,* 1 p.

27 août. Fête de la Vieillesse, dans le 1er et le 5e arrondissements, 2 p.

4 septembre. Fête de l'anniversaire du 18 fructidor, à Paris, 9 p.

4 septembre. Fête de l'anniversaire du 18 fructidor, à Lille. *Lille, imprimerie Jacquez,* 1 p.

22 septembre. Fête de l'anniversaire de la fondation de la République, 10 p.

1799.

4 février. Discours sur l'anniversaire de l'affranchissement des noirs, 1 p.

20 mars. Fêtes de la Souveraineté du peuple, 10 p.

30 mars. Fête de la Jeunesse, 1 p.

29 avril. Fête des Époux, 1 p.

11 mai. Discours du citoyen Gauthier sur l'assassinat de nos plénipotentiaires, à Rastadt, 1 p.

29 mai. Fête de la Reconnaissance, 1 p.

Février à mai. Rapports sur les fêtes civiques et nationales, 3 p.

28 juin. Fête de l'Agriculture, 3 p.

14 juillet. Fête de l'anniversaire du 14 juillet, 5 p.

27 juillet. Fête de la Liberté, 4 p.

10 août. Fête de l'anniversaire du 10 août, 3 p.

27 août. Fête de la Vieillesse, 1 p.

4 septembre. Fête du 18 fructidor, 3 p.

4 septembre. Discours de Maisoncelle, sur les vérités morales, 1 p.

23 septembre. Fêtes de l'anniversaire de la fondation de la République, 3 p.

2 octobre. Procès-verbal de la fête funèbre du général Joubert célébrée dans la commune de Toulouse le 10 vendémiaire an VIII. *Toulouse, Besian et Treslet*, 1 p.

1er décembre. Fête célébrée par la municipalité du 12e arrondissement pour la prestation du serment des fonctionnaires publics et la plantation d'un arbre de la liberté, 1 p.

1800.

14 juillet. Fêtes de l'anniversaire du 14 juillet, 4 p.

23 septembre. Fêtes de l'anniversaire de la fondation de la République, avec un discours du L. Bonaparte, 3 p.

1801.

23 septembre. Fêtes de l'anniversaire de la fondation de la République, 1 p.

9 novembre. Fête de la Paix, 6 p.

1802.

2 et 3 août. Fêtes pour la nomination du premier consul à vie, 1 p.

23 septembre. Fêtes de l'anniversaire de la fondation de la République, 2 p.

1803.

14 juillet. Fêtes du 14 juillet, 2 p.

Août. Fêtes du consulat à vie, 2 p.

1804.

Fêtes du couronnement de Napoléon Ier, 4 p.

1805.

Discours sur le cérémonial, par J.-F. Sobry, 1 p.

Relation de la fête célébrée à Strasbourg, pour le couronnement comme roi d'Italie, de S M. Napoléon Ier, 1 p.

1806.

Procès-verbal du service solennel célébré à Notre-Dame, en mémoire des braves morts à la bataille d'Austerlitz, 1 p.

1808.

Couplet et épître à David sur le tableau du couronnement, 2 p.

1809.

Recueil de pièces relatives à la fête de famille qui a été célébrée dans l'église de Saint-Leu, le 24 janvier, 1809, 1 p.

1810.

Description des objets, embellissements relatifs à la fête donnée par la ville de Paris, à l'occasion du mariage de Napoléon et de Marie-Louise, 1 p.

Discours prononcé au temple de la Victoire pour la fête de la Vieillesse, par M. Gauthier, 1 p.

Discours prononcé, par Jacquez-Mathieu Sieuve, à la fête des Vieillards (célébrée à Marseille), le 20 fructidor. *Marseille, El. Martin*, 1 p.

Discours prononcé à la fête du 9 thermidor, par le citoyen Gainche fils. *Nantes, Vve Malassis*, 1 p.

Discours sur la fête de la jeunesse, prononcé à Avignon, par le citoyen Sabatier, de Cavaillon. *Avignon, Vve Tournal*, 1 p.

Discours sur la fête des Victoires et de la reconnaissance prononcée à Avignon, par le citoyen Sabatier, 1 p.

Fête nationale qui sera célébrée tous les ans le jour immortel du 4 août, 1 p.

Cérémonies de l'anniversaire du 21 janvier 1793, depuis l'an IV jusqu'à l'an VII, 15 p.

Pièces de format in-4° et in-f°.

Fêtes de la Fédération de 1790 à 1792 (décrets, proclamation, adresses), 20 p.

Fêtes de l'Être suprême, 1793 (imprimés et autographie), 3 p.

An I. Fêtes diverses à Paris, 2 p.

An II. Fêtes diverses à Paris, 7 p.

Programme de fête pour la prise de Toulon, 1 p.

An III. Fête de la célébration des victoires des amis de la République, 1 p.

An IV. Fête de la Victoire à Paris, 4 p.

Fête donnée à Valenciennes pour la rentrée des Français en cette commune. *Valenciennes, Prignet et Thombrel*, vignette en tête, 1 p.

An V. Cérémonie funèbre en mémoire du général Hoche, à Paris et à Valence, 2 p.

Fête de la fondation de la République, avec une grande affiche in-folio, 3 p.

An VI. Loi relative à la cérémonie des décadis, grande affiche. *Douai, Société typographique*, 1 p.

Fêtes diverses à Paris, 5 p.

An VII, Fêtes diverses à Paris, 7 p.

An VIII. Fête de l'anniversaire de la République, 1 p.

Empire. Fêtes du couronnement et autres fêtes diverses, 9 p.

En tout 540 pièces.

TABLE DES MATIÈRES

PREMIÈRE PARTIE

CÉRÉMONIAL

I. — TRAITÉS GÉNÉRAUX

II. — CÉRÉMONIAL FRANÇAIS

III. — CÉRÉMONIAL DES PAYS ÉTRANGERS

DEUXIÈME PARTIE

SCIENCES ET LITTÉRATURE

ANGERS, IMP. BURDIN ET Cie, RUE GARNIER, 4.

www.ingramcontent.com/pod-product-compliance
Lightning Source LLC
Chambersburg PA
CBHW051750250726
48659CB00001B/347